À tous ceux qui cherchent…

Passeport pour une Louange En Esprit & en Vérité

« Je te bâtirai une Maison »

Mikaël REALE

Illustration: **Mare Nostrum Project**
© 2018 Mikaël REALE/VLED

Edition : BoD—Books on Demand
12/14 rond-point des Champs Elysées
75008 Paris
Imprimé par BoD – Books on Demand, Norderstedt

ISBN : 9782322160525

Dépôt légal : **Septembre 2018**

INTRODUCTION

Depuis des années le terme « Tabernacle de David » rencontre un franc succès dans le monde des chrétiens évangéliques et plus particulièrement dans les assemblées charismatiques. Nous voyons de plus en plus d'églises qui découvrent ou redécouvrent l'importance de la louange dans le culte et qui organisent maintenant des réunions réservées à l'adoration.

Quoi de plus naturel en effet que de consacrer certaines de nos réunions exclusivement à un ministère à l'égard de Dieu, le Père, le Fils et le Saint Esprit !

Un peu partout, s'organisent des « Tabernacle de David » qui rassemblent pour 24 heures « non-stop » des équipes de chantres qui se relaient.

Cet engouement pour la louange me semble être aujourd'hui le résultat d'un souffle prophétique qui prépare le retour de Jésus-Christ. La Bible ne nous dit-elle pas que Dieu siège au milieu des louanges de son peuple ?

Mais pour que cet élan ne soit pas une mode de plus dans les milieux chrétiens, il me semble important de bien comprendre ce qu'est la louange. Quel est son but ?

Comment honore-t-elle Dieu ? Mais surtout quel enjeu représente-t-elle spirituellement ?

Pour cela, nous devons réaliser que dès le commencement de la création, la louange existait et que pour la gérer, il y avait un ange nommé Lucifer qui, après sa chute, deviendra Satan !

Aujourd'hui, nous sommes appelés, en tant que peuple racheté, à prendre la place que Satan a perdue et à conduire nous-mêmes la louange vers le Seigneur. Nous pouvons donc appréhender le combat spirituel qui découle de cette fonction confiée à l'Église.

Satan, lui, a compris cet enjeu et c'est pourquoi il tient tant à ce que le monde entier se prosterne à ses pieds. Il est même prêt à offrir tout ce qu'il a en possession pour qu'on le fasse.

Lisons ensemble Matthieu 4/8 et 9 : *« Le diable le transporta encore sur une montagne très élevée, lui montra tous les royaumes du monde et leur gloire, et lui dit : je te donnerai toutes ces choses si tu te prosternes et m'adores ».*

Vous et moi savons que les extrémités de la terre appartiennent à Christ (Psaume 2), mais nous savons aussi que pour un certain temps, elles ont été données à Satan (Luc 4/6, Jean 12/31).

Nous devons comprendre ce que cela représente. L'autorité que Satan a sur les nations lui permet de maintenir certaines dans la pauvreté la plus complète, de jeter les unes contre les autres dans des guerres sanglantes, de promouvoir l'avortement, l'homosexualité, la drogue, l'alcool, la prostitution dans le monde entier, de développer l'islam dans le monde arabe ou le matérialisme le plus égoïste en Occident ! Et il est prêt à tout abandonner de son pouvoir sur les nations, afin qu'on l'adore !

Si l'en est ainsi, c'est qu'il y a pour cela une bonne raison. Le diable, malgré sa haine pour les humains créés à l'image de Dieu, est prêt à faire prospérer ceux qui l'adorent. Non parce qu'il les aime, mais parce qu'il tire sa raison d'être de leur louange.

En Eden, Adam et Ève, avant la chute, étaient une louange permanente à Dieu simplement en étant cette œuvre parfaite que le péché n'avait pas encore souillée. Ce n'est pas qu'après cette chute qu'il a fallu qu'elle devienne sacrifice et qu'elle doive coûter à celui qui adore.

La Loi de Moïse instaure les sacrifices et le roi David soumis à l'Esprit de Dieu, mettra à part des hommes consacrés pour entretenir en permanence un état de louange au sein du peuple d'Israël.

Jésus, en tant qu'homme parfait, sans péché, est une louange permanente à Dieu, comme l'a été Adam avant la chute et en toute chose, Il loue son Père céleste.

Mais il va beaucoup plus loin puisqu'Il devient Holocauste ! Ceci impliquant que la victime est entièrement consacrée à Dieu, l'offrande que Jésus apporte au Père est donc un don absolu de lui-même, le signe visible de la mesure de son adoration envers le Père. Il va allier la louange de son être parfait, telle que Dieu l'a prévu avant que le péché advienne, et celle qui coûte telle que Dieu l'instaure après la chute.

Jésus enseigne à l'Église, au travers de sa louange totale, son rôle de « Royaume de sacrificateurs » que nous décrit le livre de l'Apocalypse Chapitre 1 verset 6 : *« Jean aux sept Églises qui sont en Asie, que la grâce et la paix vous soient données de la part de celui qui est, qui était, et qui vient, et de la part des sept esprits qui sont devant le trône, et de la part de Jésus-Christ, le témoin fidèle, le premier-né des morts, et le prince des rois de la terre ! À celui qui nous aime, qui nous a délivrés de nos péchés par son sang, et qui a fait de nous un royaume, des sacrificateurs pour Dieu son Père, à lui soient la gloire et la puissance, aux siècles des siècles ! Amen ! »*

Cette position fait de nous aujourd'hui les ennemis principaux du diable. Il ne peut supporter que nous prenions sa place dans la louange. C'est pourquoi ce dernier va tout faire pour nous empêcher de rentrer dans notre appel de sacrificateur.

QU'EST-QUE LA LOUANGE ?

Elle est le moyen normal de communication établi par Dieu lui-même dès le commencement des temps. Il s'agit d'un principe fondamental du Royaume des Cieux, et en aucun cas une création de l'homme pour honorer Dieu. C'est donc la façon adéquate de s'exprimer dans notre relation avec le Créateur ! C'est aussi la façon dont les trois personnes de la Trinité communiquent entre elles.

Nous pouvons aussi constater que Dieu lui-même pratique la louange.

Il honore son Fils dans Mat. 3.17 « *Et voici, une voix se fit entendre des cieux ces paroles : Celui-ci est mon Fils bien-aimé, en qui j'ai mis toute mon affection* » ou encore 17.5 : « *Comme il parlait encore, nuée lumineuse les couvrit. Et voici, une voix fit entendre de la nuée ces paroles : celui-ci est mon Fils bien-aimé, en qui j'ai mis toute mon affection : écoutez-le !* » Il s'agit ici bel et bien de louange.

Jésus fait de même vis-à-vis du Père Luc 10-21, dans le « Notre Père » qui commence par l'a louange à Dieu le Père « *Que ton nom soit sanctifié !* », de même que vis-à-vis du Saint Esprit dans Jean 16.13 et 14 : « *Quand le consolateur sera venu, l'Esprit de vérité, il vous conduira dans toute la vérité ; car il ne parlera pas de lui-même, mais il dira tout ce qu'il aura entendu, et il vous annoncera les choses à venir. Il me glorifiera, parce qu'il prendra de ce qui est à moi, et vous l'annoncera* ».

Il y a encore de nombreux passages que nous ne pouvons tous noter ici.

Enfin, il semble intéressant de noter que la louange est aussi le mode de communication rationnel entre la nature et son créateur, Esaïe 44.23 *« Cieux, lancez des acclamations ! Car l'Éternel a agi ; profondeurs de la terre, poussez des clameurs ! Montagnes, éclatez en acclamations ! Vous aussi, forêts, avec tous vos arbres ! Car l'Éternel a racheté Jacob, Il manifeste sa gloire en Israël »*.

NOUS POUVONS DONC DÉFINIR LA LOUANGE COMME ÉTANT LE MODE RELATIONNEL NATUREL DU ROYAUME DE DIEU.

Dieu veut restaurer entre nous et lui une relation selon ses normes relationnelles à lui et pas selon les nôtres ! Nous pouvons en effet constater, dès les premiers chapitres de la Genèse, et tout au long de la Bible, que l'Éternel est un Dieu de relations. Lisons ensemble quelques versets de Genèse 3.

Verset 18 : *« L'Eternel Dieu dit : Il n'est pas bon que l'homme soit seul ; je lui ferai une aide qui sera son vis-à-vis »*. Dieu constate, en contemplant l'être humain, que celui-ci ne peut rester seul. Dieu ne se pose pas le problème pour le reste de sa création, mais uniquement pour celui qui est créé à son image et qui a donc des besoins similaires à ceux de son créateur.

Dieu va donc donner à Adam une épouse qui sera son « vis à vis » et par là instaure la première institution qui régira les relations des hommes : Le Mariage. *« C'est pourquoi l'homme quittera son père et sa mère, et s'attachera à sa femme, et ils deviendront une seule chair. »* Verset 24.

Durant tous les premiers chapitres de la Genèse, nous voyons aussi que Dieu visite régulièrement les hommes. Il s'entretient avec Adam pour voir comment celui-ci nommera les animaux, le soir venu, Il vient visiter le premier couple. Dieu fait partie intégrante de leur vie. La relation même entre les deux conjoints est basée sur la louange. *« Et l'homme dit : cette fois c'est l'os de mes os, la chair de ma chair. C'est elle qu'on appellera femme, car elle a été prise de l'homme »*. (Genèse 2 : 23)

Hélas, le premier péché d'une interminable liste intervient. Nous connaissons tous ses conséquences spirituelles, Romain 6:23 *« Car le salaire du péché c'est la mort »*, mais je voudrais attirer votre attention aujourd'hui sur la conséquence immédiate qui en découle dans les relations humaines.

Adam, après avoir déclaré que la femme était la chair de sa chair, les os de ses os, se désolidarise totalement d'elle devant leur responsabilité. Au verset 12 du chapitre 3 nous pouvons lire : *« La femme que tu as mise auprès de moi m'a donné de l'arbre, et j'en ai mangé »*.

Autrement dit, ce n'est pas de ma faute, c'est celle de la femme !

Non pas **MA** femme, mais **LA** femme que **TU** as mise à mes côtés.

C'est donc de votre faute à vous, pas de la mienne !

Dès ce jour, les relations humaines vont s'empoisonner, un premier fratricide, Caïn et Abel, puis les guerres, les meurtres, les génocides, l'avortement, le suicide, etc...

La relation entre l'homme et Dieu elle aussi subit les conséquences du péché. Tout d'abord la crainte s'installe. Verset 10 : *« J'ai entendu ta voix dans le jardin, et j'ai eu peur, parce que je suis nu, et je me suis caché. »* Puis une relation pervertit par l'orgueil, qui amène Dieu à ne pas agréer le sacrifice offert par Caïn, enfin, la rébellion de ce dernier qui plutôt que d'accepter les recommandations pleines d'amour de Dieu se jette dans le péché par rébellion et assassine son frère.

Mais Dieu a un plan qui lui permettra de rétablir cette relation. Il jettera une passerelle au-dessus du gouffre que Satan a creusé entre lui et l'humanité. Cette passerelle a la forme de la Croix du calvaire.

C'est grâce à cela que nous avons la vie éternelle Romain 5:10 *« Car si, lorsque nous étions ennemis, nous avons été réconciliés avec Dieu par la mort de son Fils, à plus forte raison, étant réconciliés, serons-nous sauvés par sa vie »*.

Mais Il rétablit aussi la relation qu'il y a entre l'homme et l'homme. Je trouve que ceci est particulièrement bien illustré à travers ce verset de Marc 10:29 & 30 : *« Jésus répondit : Je vous le dis en vérité, il n'est personne qui, ayant quitté, à cause de moi et à cause de la bonne nouvelle, sa maison, ou ses frères, ou ses sœurs, ou sa mère, ou son père, ou ses enfants, ou ses terres, ne reçoive au centuple, présentement dans ce siècle-ci, des maisons, des frères, des sœurs, des mères, des enfants, et des terres, avec des persécutions, et, dans le siècle à venir, la vie éternelle. »*

Jésus ne dit aucunement à travers ce texte qu'il est contre les relations familiales ou amicales, au contraire, il propose de véritablement les rétablir dès ce siècle présent telles qu'elles doivent être selon le plan initial de son Père.

Il nous propose donc d'abandonner notre façon humaine d'appréhender les relations pour nous laisser réconcilier les uns les autres par sa croix.

Là où le péché avait installé la haine, le meurtre, la suspicion, Jésus veut installer la confiance, l'amour, le don de soi.

Notre louange ne peut monter vers Dieu de façon satisfaisante si nos relations humaines ne sont pas à la hauteur. 1 Jean 4 : 20 *« Si quelqu'un dit : J'aime Dieu, et qu'il haïsse son frère, c'est un menteur ; car celui qui n'aime pas son frère qu'il voit, comment peut-il aimer Dieu qu'il ne voit pas ? »*

Il va sans dire que cela ne plait pas à Satan de voir notre relation avec Dieu et avec le reste de l'humanité restaurée en Christ ! Les deux raisons principales de sa colère sont les suivantes :

Il est jaloux et agit comme un enfant de maternelle qui a cassé son jouet et qui décide de casser celui de son voisin. Il ne peut supporter que nous ayons pris sa place, même si lui-même ne veut plus remplir cette tâche.

Ensuite, bien plus hélas que beaucoup de chrétiens, il connaît l'enjeu que représente la louange ! Il sait que lorsque nous louons Dieu, nous nous rendons devant le trône de la grâce, et que c'est là que Dieu va nous bénir, nous guérir, nous équiper pour le combat, et nous donner ses « ORDRES DE MISSION » afin que nous nous levions contre le diable et ses démons pour reprendre notre héritage ! Satan sait que c'est dans la louange que nous sommes victorieux. Psaume. 18.3 *« Je m'écrie : loué soit l'Éternel ! Et je suis délivré de mes ennemis »* Il va donc nous combattre pour que nous ne puissions jamais entrer pleinement dans la louange.

SORTIR D'ÉGYPTE :

Un bon exemple de ce que peut être ce combat se trouve les premiers chapitres de l'Exode. Nous allons en lire quelques passages et les commenter.

Pour commencer, posons-nous cette question : pour quelle raison Moïse demande-t-il à Pharaon de sortir d'Égypte ? Nous lisons la réponse à cela dans *Exode. 5.1* : « *Moïse et Aaron se rendirent ensuite auprès de Pharaon et lui dirent : Ainsi parle l'Éternel, le Dieu d'Israël : Laisse aller mon peuple, pour qu'il célèbre au désert une fête en mon honneur* »

Première constatation, nous voyons que Dieu attend de son peuple qu'il le célèbre, alors que Pharaon, qui symbolise Satan, affirme qu'il ne connaît pas Dieu. « *Pharaon répondit : qui est l'Eternel, pour que j'obéisse à sa voix, en laissant aller Israël ? Je ne connais point l'Éternel, et je ne laisserai point aller Israël.* » Et sous ce prétexte, refuse à Israël de rendre à Dieu le culte qui lui est dû.

Cela me rappelle certaines situations que nous affrontons quand nos familles ou nos amis ne sont pas convertis. Les gens ne comprennent pas pourquoi nous allons au culte le dimanche matin au lieu de rester couchés. Ils ne comprennent pas que nous donnions à Dieu la priorité dans notre vie.

Une jeune femme m'a un jour confié que ses parents, qui habitent au-dessus de chez elle, n'avaient jamais rien dit lorsqu'elle et son mari, jeunes mariés, rentraient ivres à 4 heures du matin pour finir la fête bruyamment avec des amis dans leur salon.

Ces mêmes parents, quelques mois après sa conversion, lui faisaient un scandale pour le bruit, lorsqu'à 21 heures 45, elle louait avec quelques amis le Seigneur dans son jardin dans le cadre d'une cellule de maison !

Mais revenons à Pharaon. Ce dernier va plus loin encore. Il tient à ce qu'Israël ne puisse en aucun cas louer son Dieu, et au verset 9 de ce même chapitre, il décide : *« Que l'on charge de travail ces gens, qu'ils s'en occupent, et ils ne prendront plus garde à des paroles de mensonges. »*

Voilà la chose suivante que nous devons affronter lorsque nous voulons louer Dieu. Satan va mettre sur nous une surcharge de choses qui vont tenter de nous détourner de notre louange.

Parfois, ce sont des activités : le club de foot, le film à la télé, la réunion des parents d'élèves, le repas chez tante Marie… Il y aurait toujours quelque chose de mieux, de plus pressant, de plus « constructif » à faire que de louer Dieu si l'on écoutait Satan.

Dans certains cas cela peut même sembler très spirituel, tel qu'un activisme effréné dans l'église, une surcharge dans le ministère, le sacro-saint message du dimanche matin… Je suis toujours ébahi de voir le ratio entre ce que nous faisons pour Dieu de ce que nous faisons pour les gens dans ce que nous appelons « culte ».

Sur deux heures, nous avons 45 minutes en moyenne de louange, mais bien souvent, la majeure partie de celle-ci est là pour préparer l'assemblée au message du pasteur, pour permettre aux gens de se défouler, de recharger leurs batteries. À la fin, une infime portion reste pour celui qui est censé recevoir l'adoration.

Un ami pasteur me disait un jour : « C'est le seul moment de la semaine où nous avons les gens sous la main, si on ne prêche pas à ce moment, si on n'enseigne pas, si on ne fait pas les annonces, quand veux-tu qu'on le fasse… » En fait, nos cultes du dimanche ne sont pas des cultes, ce sont des réunions pour les chrétiens. Utiles, certes, mais pas des cultes.

Il y a quelques années, alors que je prenais une année sabbatique après avoir été 6 ans sur le champ missionnaire pratiquement sans congé, le Seigneur m'a posé la question suivante : *« Où étais-tu donc fils ? »* J'ai vraiment été choqué par cette question alors que j'avais engagé toute ma vie et ma famille pour servir Dieu dans l'Océan Indien. Il m'a fallu un moment pour comprendre que la vraie question ne portait pas sur le lieu ou encore l'action que j'avais menée, mais sur la qualité de ma relation avec Dieu. *Où avais-je été en tant que FILS*[1] *?*

Plus que ce que faisons pour Dieu, c'est ce que nous sommes pour Lui qui l'intéresse !

---

[1] Voir du même auteur : Passeport pour une nouvelle identité en Christ

Lorsque ce problème de priorité est réglé dans nos vies, Satan nous harcèle de façon différente. N'avez-vous jamais remarqué que le téléphone sonne souvent quand vous commencez à rendre votre culte personnel à Dieu, ou ce sont les enfants qui tombent malades alors que ce soir il y a une nuit de prière à l'église ? Ou encore un chauffard qui vous coupe la priorité le dimanche matin, alors que vous vous rendez au culte et vous vivez ce culte sur les nerfs, sans être capables de louer Dieu. C'est pourquoi il devient parfois nécessaire de se mettre « au vert » pour rendre un culte à Dieu.

La séparation du monde

Louer Dieu, dans notre monde actuel tout comme dans l'Égypte polythéiste de l'époque de Moïse, implique souvent de sortir pour un temps du contexte dans lequel nous évoluons quotidiennement.

Nous pouvons là encore le constater en lisant Exode. 8 : 21-23 : « *Pharaon appela Moïse et Aaron et dit : Allez, offrez des sacrifices à votre Dieu dans le pays. Moïse répondit : Il n'est point convenable de faire ainsi ; car nous offririons à l'Éternel, notre Dieu, des sacrifices qui sont en abomination aux Égyptiens. Et si nous offrons, sous leurs yeux, des sacrifices qui sont en abomination aux Égyptiens, ne nous lapideront-ils pas ? Nous ferons trois journées de marche dans le désert, et nous offrirons des sacrifices à l'Éternel, notre Dieu, selon ce qu'il nous dira.* »

Louer Dieu nous amène inévitablement à nous séparer de choses que parfois nous affectionnons. En effet, la louange est quelque chose de spirituel, ce qui est par nature en opposition avec notre chair. Galates 5 : 17 nous déclare : *« Car la chair a des désirs contraires à ceux de l'Esprit, et l'Esprit en a de contraires à ceux de la chair ; ils sont opposés entre eux, afin que vous ne fassiez point ce que vous voudriez »*.

Tout comme la chair n'apprécierait pas de faire trois jours de marche dans le désert, elle n'appréciera pas non plus de se lever de bon matin, le dimanche, après une semaine de travail, pour aller chanter quelques cantiques à l'église. Elle n'appréciera pas non plus la moquerie de nos amis. Ah ouais ! Tu vas à la messe… Elle n'apprécie encore pas la rupture avec notre fiancé(e) ou parfois même notre conjoint.

Satan va chercher à travers notre corps et nos pensées qu'il manipule si bien, à nous impressionner : *« Pharaon leur dit : Que l'Éternel soit avec vous, tout comme je vais vous laisser aller, vous et vos enfants ! Prenez garde, car le malheur est devant vous ! »* Exode 10.10

C'est désagréable de louer Dieu, si nous écoutons notre chair, et c'est un véritable sacrifice de ne pas tenir compte de ce que dit notre chair, car nous sommes tous charnels.

Nous avons besoin de comprendre ici quelque chose important au sujet de la nature humaine.

L'homme, créé à l'image de Dieu, comporte trois éléments qui ont tous leur raison d'être. Le corps, l'âme et l'esprit. Et cela est vrai pour tous, converti ou pas.

Nous pouvons lire dans *1 Thessalonissiens 5 : 23*. *« Que tout votre être, l'esprit, l'âme et le corps, soit conservé irrépréhensible pour l'avènement de notre Seigneur Jésus-Christ. »*

Un des problèmes que nous rencontrons souvent dans notre vie chrétienne est la confusion que nous faisons entre l'Esprit et l'âme. Ce problème se retrouve particulièrement dans le domaine de la louange ou nous cherchons trop souvent dans notre âme la motivation de louer alors que celle-ci doit trouver sa source dans notre esprit qui lui recherche une vraie relation avec Dieu.

J'entends parfois des messages disant que Dieu recherche l'adoration. Certains voudront même ne faire que ça. Certains mettront l'emphase sur la qualité musicale, le dernier cri de la sonorisation, des chorégraphies tirées au cordeau… Mais en fait, Dieu n'a rien à faire de tout cela Il ne cherche pas l'adoration, mais des adorateurs !

Souvenons-nous de cette parole de Jésus : *« Le Père cherche des adorateurs qui l'adorent en Esprit et en vérité ! » Jean 4, 23.*

Qu'est-ce que cela signifie véritablement ?

En Esprit, signifie que notre nature spirituelle, notre esprit, né de nouveau en Jésus Christ, va à la rencontre de son créateur pour qu'une relation intime s'établisse entre eux.

En Vérité signifie que de cette relation intime avec Dieu, notre vie soit transformée pour être chaque jour de plus en plus en phase avec la vie de Jésus. Autrement dit on ne peut plus vivre, penser, agir de la même façon !

Notre louange doit être totale !

Lorsqu'enfin vous avez franchi avec succès ces différentes étapes pour entrer dans la louange, vous avez déjà fait un grand pas. Mais le combat n'en est pas pour autant fini.

Satan, maintenant, va tenter de limiter votre louange comme nous pouvons le lire dans les versets suivants, en séparant le peuple : Exode. 10.11 *« Non, non : allez-vous les hommes, et servez l'Éternel, car c'est là ce que vous avez demandé. Et on les chassa de la présence de Pharaon. »*

Il est primordial pour le peuple de Dieu de rester assemblé pour louer ! Satan commence souvent par tenter de semer la division dans l'église au moment du culte.

À cause d'un tel qui n'a pas dit bonjour, de tel autre qui s'est assis à ma place… d'un autre encore que je n'apprécie pas ou que je soupçonne de ne pas m'apprécier… à cause de la guitare basse qui est trop forte, du guitariste qui anime la louange alors qu'il bien moins spirituel que moi, etc.

Nous pouvons trouver mille et une raisons de nous séparer, mais aucune de ces raisons ne peut prévaloir sur celle qui nous unit : JÉSUS-CHRIST !

Satan va aussi tenter de limiter notre louange en nous empêchant de donner des sacrifices à Dieu.

Lisons maintenant Exode 10 : 24-26 : « *Pharaon appela Moïse, et dit : Allez, servez l'Éternel. Il n'y aura que vos brebis et vos bœufs qui resteront, et vos enfants pourront aller avec vous. Moïse répondit : tu mettras toi-même entre nos mains de quoi faire les sacrifices et les holocaustes que nous offrirons à l'Eternel notre Dieu. Nos troupeaux iront avec nous, et il ne restera pas un ongle ; car c'est là que nous prendrons pour servir l'Éternel, notre Dieu ; et jusqu'à ce que nous soyons arrivés, nous ne savons pas ce que nous choisirons pour offrir à l'Eternel.* »

Sans sacrifice, il n'y a pas de louange, nous l'avons vu. Dieu attend de nous que nous placions toute notre confiance en lui, et que quelle que soit la situation, que nous soyons prêts à tout lui donner en acte d'adoration.

Nous en avons un exemple impressionnant à travers le récit de la Genèse sur le sacrifice d'Isaac : Gen.22.1 et 2 : « *Après ces choses, Dieu mit Abraham à l'épreuve, et lui dit : Abraham ! Et il répondit : me voici ! Dieu dit : Prends ton fils, ton unique, celui que tu aimes, Isaac ; va-t'en au pays de Morija, et là offre-le en holocauste sur l'une des montagnes que je te dirai.* »
Dieu, vous le savez, ne prit pas la vie d'Isaac. Mais Abraham, lui, ne le savait pas lorsqu'il se mit en chemin. Cependant, sa foi en Dieu était telle, sa confiance si grande, qu'il était prêt à obéir en toute chose à l'Éternel.

Si aujourd'hui nous n'avons plus de sacrifice sanglant à offrir à Dieu pour le louer, car Jésus a donné sa vie une bonne fois pour toutes, nous pouvons nous sacrifier nous-mêmes.

Romains 12 : 1 : *« Je vous exhorte donc, frères, par les compassions de Dieu, à offrir vos corps comme un sacrifice vivant, saint, agréable à Dieu, ce qui sera de votre part un culte raisonnable »*.

Lorsque les israélites donnaient un bœuf en sacrifice, ils donnaient leur outil de labour. Lorsqu'ils donnaient de l'huile et de la farine, ils donnaient de leur nourriture et lorsqu'ils donnaient une brebis, ils donnaient la laine de leurs vêtements. Tout cela, ils le donnaient en plus de leur dîme.

Quelle tristesse de voir qu'aujourd'hui, les gens viennent si souvent devant Dieu les mains vides !

Je suis persuadé que cela a autant d'importance à ses yeux que d'élever de belles prières au ciel ou que de chanter de merveilleux chants en levant les mains vers lui. Dieu attend de nous que nous obéissions. Cela est pour lui une louange agréable. Mais au-delà, il attend de nous que nous lui témoignions de notre foi en montrant que notre confiance est en lui plutôt que dans nos bien.

Je crois sincèrement qu'il nous est impossible d'adorer le Père en Esprit et en Vérité, comme nous le commande Jésus dans Jean 4-23 si dans notre quotidien, nous frustrons Dieu de la confiance que nous lui devons dans des domaines comme la dîme et les offrandes.

Adorer en vérité signifie aussi que nous agissions en accord avec ce que nous proclamons dans notre louange. Comment en effet proclamer « Adonaï Jireh », l'Éternel qui pourvoit, et frustrer Dieu de notre dîme et de nos offrandes parce que nous avons peur de manquer !

Dieu nous le dit à travers le prophète Malachie 3, 8-12 : *« Et vous dites : en quoi devons-nous revenir ? Un homme frustre-t-il Dieu ? Car vous me frustrez et vous dites : en quoi t'avons-nous frustré ? Dans les dîmes et les offrandes. Vous êtes frappés par la malédiction, et vous me trompez, la nation tout entière ! Apportez à la maison du trésor toutes les dîmes, afin qu'il y ait de la nourriture dans ma maison. » Le Seigneur va plus loin encore : « Mettez-moi de la sorte à l'épreuve, dit L'Éternel des armées. Et vous verrez si je n'ouvre pas pour vous les écluses des cieux, si je ne répands pas sur vous la bénédiction en abondance. Pour vous je menacerai celui qui dévore, et il ne vous détruira pas les fruits de la terre, et la vigne ne sera pas stérile dans vos campagnes, dit l'Éternel des armées. Toutes les nations vous diront heureux, car vous serez un pays de délices, dit l'Éternel des armées. »*

C'est la seule fois dans la Bible que Dieu nous demande de le mettre à l'épreuve. Si Dieu le fait, c'est que notre désobéissance dans ce domaine semble véritablement faire obstacle à son désir de nous bénir.

Il est clair que dans le contexte du Nouveau Testament, nous ne sommes plus soumis de façon légaliste aux lois de l'Ancien Testament. Nous sommes passés à autre chose. Mais le fait de ne pas être soumis à une loi ne signifie pas que le principe de la loi n'est pas bon.

Dans l'Ancien Testament, et jusqu'à ce que le Saint Esprit soit répandu sur tous le jour de la Pentecôte, seuls les rois, prophètes et prêtres recevaient l'onction du Saint Esprit. Les lois étaient donc nécessaires afin que le peuple puisse être béni dans le cadre des principes spirituels tels que celui exposé dans Malachie.

Mais lorsque l'Esprit Saint fût répandu, ces lois écrites n'avaient plus de raison d'être étant donné que Dieu lui-même a inscrit sa loi dans nos cœurs.
Aujourd'hui, nous ne sommes pas appelés à suivre la loi écrite, nous sommes appelés à la laissé vivre en nous à travers Christ.

Paul nous le dit très clairement dans son épître aux Gallates 2 : 21-22 : *« J'ai été crucifié avec Christ ; ce n'est plus moi qui vis, c'est Christ qui vit en moi ; et ce que je vis maintenant dans mon corps, je le vis dans la foi au Fils de Dieu qui m'a aimé et qui s'est donné lui-même pour moi. Je ne rejette pas la grâce de Dieu ; en effet, si la justice s'obtient par la loi, alors Christ est mort pour rien. »*

Tout comme le fils de Dieu, ce n'est qu'au prix d'un sacrifice total, l'abandon de notre volonté propre pour faire la sienne, que nous pouvons rendre à Dieu un culte qui lui soit agréable.
Dans Luc 22-42, Jésus nous montre ce que notre louange doit être. *« Il pria, disant : Père, si tu voulais éloigner de moi cette coupe ! Toutefois, que ma volonté ne se fasse pas, mais la tienne »*.

Pas de vraie Louange sans nouvelle naissance.

Enfin, nous voyons que pour pouvoir entrer dans la louange, Israël doit franchir une dernière étape, qui, celle-ci n'est pas l'œuvre de Pharaon : Ex. 12.21-24 : « *Moïse appela tous les anciens d'Israël, et leur dit : allez prendre du bétail pour vos familles, et immolez la Pâque. Vous prendrez ensuite un bouquet d'hysope, vous le tremperez dans le sang qui sera dans le bassin, et vous toucherez le linteau et les deux poteaux de la porte avec le sang qui sera dans le bassin. Nul de vous ne sortira de sa maison jusqu'au matin. Quand l'Éternel passera pour frapper l'Égypte, et verra le sang sur le linteau et sur les deux poteaux, l'Éternel passera par-dessus la porte, et il ne permettra pas au destructeur d'entrer dans vos maisons pour frapper. Vous observerez cela comme une loi pour vous et pour vos enfants à perpétuité* ».

La seule chose qui nous permet de venir aujourd'hui librement devant le trône de Dieu pour le louer et l'adorer, c'est le sang de l'agneau Pascal de la nouvelle Alliance. Sans le sacrifice de Jésus à la croix, nous ne pourrions en aucun cas nous présenter devant Dieu, car Sa Sainteté nous consumerait. Si nous pouvons le faire en toute liberté, les autres qui nous entourent peuvent le faire aussi. Il est donc important de ne jamais juger quelqu'un lorsqu'il loue le Seigneur. Certains le font avec des larmes, d'autres avec des cris de joie, d'autres chantent fort, accompagnés d'instruments modernes, alors que d'autres préfèrent chanter dans le recueillement. D'autres encore louent Dieu avec des danses, en tapant dans leurs mains alors que certains préféreront s'agenouiller, ou parfois se coucher au sol, dans le silence le plus complet. Qu'importe ce que fait mon voisin ! Qu'importe ce que font les frères de l'église d'à côté ! Car *« Là où est l'Esprit de Dieu, là est la liberté »* 2 Cor. 3.17

Combien de fois déjà, ai-je attristé le Saint-Esprit par mes jugements ! Je me souviens d'un jour, dans une église évangélique libre assez proche de l'Église réformée, avoir été visité puissamment par le Saint-Esprit qui attira mon attention sur le visage d'une mamie, alors que je trouvais le temps long tellement la louange dans ce culte me semblait terne, moi qui étais habitué à une louange très dynamique dans mon assemblée. Ce visage rayonnait avec une telle intensité que je compris tout de suite que cette mamie était en face de son Dieu, dans un moment que j'appellerai l'adoration « intime ».

Le Saint-Esprit m'interpella alors violemment sur mes pensées : « Toi qui juges la façon de louer de ces gens, tu n'as pas encore loué le Seigneur une seule seconde depuis le début du culte. Tu as pesé la qualité de leurs chants, tu les as observés, mais maintenant ils sont devant mon trône, et toi tu es là, assis sur ton banc ! »

Je peux vous garantir que depuis ce jour, je ne porte plus de jugement sur la louange de mes frères et sœurs en Christ et que lorsque Satan tente d'attirer mon attention sur autre chose que sur Dieu dans un moment de louange, je redouble d'efforts pour garder mes yeux fixés sur la gloire de Jésus.

LA LOUANGE DANS L'ASSEMBLÉE

Lorsque nous sommes amenés à diriger la louange, il est important de toujours avoir à l'esprit que la louange s'adresse à Dieu et à lui seul.

Ceci implique que nous demandions au Saint-Esprit de nous enseigner sur la façon adéquate de vivre et de conduire les temps de louange durant nos réunions. Trop souvent nous avons une compréhension erronée ou incomplète de ce que ces moments doivent être ou ne pas être. La louange ne doit pas être :

- ✓ Un bon moyen pour réunir les frères en attendant le début du culte.
- ✓ Un temps de défoulement spirituel après une dure semaine de travail.
- ✓ Un bon moyen de préparer l'assemblée au message du pasteur.
- ✓ Le temps du culte où l'on va pouvoir être béni.
- ✓ Le temps de présenter nos prières au Seigneur.

Ce temps doit avant tout permettre au peuple de Dieu de manifester devant le trône de grâce sa reconnaissance et ses Actions de grâce, et de proclamer la gloire de notre Dieu. C'est dans une attitude de « don » et non de « réception » que nous devons venir devant Lui.

Le sacrifice de notre reconnaissance

La louange ne devrait avoir qu'un réceptacle : Dieu. Or, nous avons le plus souvent une attitude de réception de la bénédiction de Dieu plutôt qu'une attitude de don à Dieu.

Voyons ce qu'en dit l'apôtre Paul dans les versets 11 à 14 de l'épître aux Éphésiens « *En lui, nous avons été mis à part, prédestinés selon le plan de celui qui opère tout selon la décision de sa volonté, **afin que nous servions à célébrer sa gloire**, nous qui d'avance avons espéré en Christ. En lui vous aussi, après avoir entendu la parole de la vérité, l'Évangile de votre salut, en lui vous avez cru et vous avez été scellés du Saint-Esprit qui avait été promis et qui constitue le gage de notre héritage, **en vue de la Rédemption de ceux que Dieu s'est acquis pour célébrer sa gloire** ».

Nous devons absolument rester dans l'exercice de ce ministère (service) lorsque nous louons le Seigneur. Et quoiqu'Il fasse pendant ce temps de louange, qu'Il parle, qu'Il guérisse, qu'Il sauve une personne, Hallelujah ! ! ! Mais s'il nous semble que rien ne se passe, si notre âme ne ressent aucunement sa présence, si aucune parole de prophétie n'est exprimée, plutôt que de penser que Dieu n'est pas là, souvenons-nous que ce temps de louange lui est adressé, qu'Il nous a promis sa présence si deux ou trois étaient assemblés en son nom, et que s'Il ne dit rien, c'est peut-être parce qu'Il jouit tout simplement de notre louange.

Ceci implique aussi que nous demandions au Saint-Esprit de nous purifier dans nos motivations.

Nos motivations

Pourquoi suis-je là, pourquoi de la musique bien faite, pourquoi de nombreux instruments de bonne qualité, pourquoi bannières, des danses, pourquoi des peintures et des tableaux… ?

Si la réponse est autre chose que d'entraîner le peuple de Dieu jusqu'à son trône, sans laisser personne dans les parvis extérieurs, ou plus loin encore sur le bord du chemin, alors je ne suis pas à ma place dans la fonction de conducteur de louange.

Quand j'exerce le ministère de « chantre » dans l'église, ma responsabilité n'est pas seulement d'élever ma voix pour l'Éternel, mais de faire en sorte que tout le peuple puisse aller à la rencontre de son Dieu. Ce service est parfois un sacrifice, car il nous impose de nous mettre en retrait, même si nous sommes particulièrement en vue.

Nous devons comprendre que le chantre ne doit pas être toujours le premier à entrer dans le Saint des Saints, mais plutôt celui qui veille à que tous y rentrent.

Cette notion de service est primordiale pour celui qui veut servir dans la louange.

Les différents supports de la louange dans l'église

Nous trouvons dans la Parole de Dieu plusieurs façons de louer Dieu. Nous allons essayer de voir lesquelles et si celles-ci restent d'actualité aujourd'hui. Lisons ensemble à travers le chapitre de 1 Chroniques 15 et 16 : *« Les sacrificateurs et les Lévites se sanctifièrent pour faire monter l'arche de l'Eternel, du Dieu d'Israël »*.

Une des premières choses que nous pouvons remarquer, c'est que nous devons avant tout nous sanctifier et sanctifier les supports que nous utilisons pour animer la louange. Un de mes amis, un excellent guitariste, a dû laisser un certain temps sa guitare au placard, car celle-ci était une véritable idole dans sa vie. Il n'est pas possible d'être agréable à Dieu en se présentant devant lui avec nos idoles.

Je crois personnellement que tous les moyens artistiques sont bons pour louer Dieu du moment qu'ils ont été purifiés dans nos cœurs par le feu de Dieu.

« Et David dit aux chefs des Lévites de disposer leurs frères les chantres ». Qui sont les chantres ? La première fois qu'ils sont cités dans la Bible, c'est lors de la montée de l'arche à Jérusalem. Il semble que ce soit David qui ait institué leur fonction officiellement (1 Ch. 6.32).

Ils étaient les « professionnels » de la louange en ce sens qu'ils avaient ce ministère particulier à plein temps. Ils étaient en effet *« … exempts des autres fonctions parce qu'ils étaient à l'œuvre jour et nuit »* 1 Ch. 9.33.

Il me semble urgent que nous redécouvrions la vraie valeur de ce ministère dans l'église d'aujourd'hui ! Car Dieu siège au milieu des louanges de son peuple et nous recherchons tous aujourd'hui la présence de Dieu. C'est là l'appel de l'Église pour l'éternité.

« … avec des instruments de musique, des luths, des harpes et des cymbales. »

Pour cela, nous voyons que David fit donner aux chantres des instruments de toutes sortes. Les instruments cités ici n'ont pas été créés pour la circonstance. Ils étaient bien connus dans l'antiquité, utilisés par les danseuses des « boîtes de nuit » de l'époque (tambourin), comme par les prêtres des idoles païennes dans les temples (cymbales).

Ce que je veux dire à travers cela, c'est qu'il n'y a pas de mauvais ou de bons instruments pour la louange. Ni de bon ou de mauvais styles de musiques.

« … qu'ils devaient faire retentir de sons éclatants en signe de réjouissance. »

Il est difficile de jouer des cymbales doucement ! Et je crois que David le savait et avait choisi délibérément cet instrument pour faire de grands bruits dans des moments donnés de la célébration. Ps 150.5 *« Louez-le avec les cymbales sonores ! Louez-le avec les cymbales retentissantes ! »*. Sept fois dans les Psaumes, nous trouvons l'expression « poussez des cris de joie ».

Dans la louange aussi, il y a un temps pour tout. Pour laisser éclater sa joie dans la présence de Dieu comme pour se recueillir dans cette même présence !

« … Matthithia, Eliphelé, Miknéja, Obed-Edom, Jeïel et Azazia avaient des harpes à huit cordes, pour conduire le chant… »

Le chant a une place importante dans la louange musicale, car il permet la proclamation de la parole. Il permet à notre cœur de s'exprimer « *car c'est de l'abondance du cœur que la bouche parle* » Luc 6.45.

Une chose est sûre, c'est que personne ne devait faire retentir bruyamment ses cymbales lorsque Azazia conduisait un chant !

« *... Kenania, chef de musique parmi les Lévites, dirigeait la musique, car il était habile...* »

Dieu distribue des talents à chacun pour que nous exercions un ministère bien précis. Pour ce qui est de la louange aussi.
Même si le talent ne suffit pas à nous qualifier, il est biblique de choisir une personne « *habile* », c'est-à-dire équipée par Dieu pour conduire la louange dans l'assemblée !

« *... Ce fut avec l'assistance de Dieu que les Lévites portèrent l'arche de l'alliance de l'Éternel...* »

Au-delà du talent, cette personne doit être ointe pour cela. C'est avec l'assistance de Dieu qu'elle doit diriger le peuple dans les parvis et jusqu'au trône de la grâce.
C'est l'onction qu'elle aura acquise dans sa communion personnelle avec Dieu qui lui permettra de diriger ces moments.

« *... comme l'arche de l'alliance de l'Éternel entrait dans la cité de David, Mical, fille de Saül, regardait par la fenêtre, et voyant le roi David sauter et danser, elle le méprisa dans son cœur...* »

Dieu, dans certaines réunions, fait une entrée fracassante. Sa gloire soudain envahit les lieux. Nous ne pouvons, et ne devons pas rester stoïques devant cela. David, lui, se laissa emporter par son ENTHOUSIASME.

Savez-vous que l'on retrouve dans la racine de ce terme le mot grec « Theos » (Dieu) et que sa traduction littérale signifie « exalté par la présence de Dieu » ?

Il n'y a donc rien de négatif à être tellement envahis par sa présence que nous devenions exaltés ! Bien au contraire ! Beaucoup de chrétiens auraient besoin d'être un peu plus enthousiastes ! Il est bon de danser devant Dieu, de sauter dans sa présence, de l'exalter tout simplement !

« … Après qu'on eut amené l'arche de Dieu, on la plaça au milieu de la tente que David avait dressée pour elle, et l'on offrit devant Dieu des holocaustes et des sacrifices d'Actions de grâces… »

Nos offrandes aussi sont une façon de louer Dieu, nous l'avons déjà vu. Ne soyons pas pingres avec le Seigneur. Témoignons-lui de notre confiance en lui offrant nos holocaustes. C'est là aussi être des adorateurs en esprit et en vérité. Comme je le disais précédemment, ne venons pas vers notre Dieu les mains vides !

« … Quand David eut achevé d'offrir les holocaustes et les sacrifices d'Actions de grâces, il bénit le peuple au nom de l'Éternel. Puis il distribua à tous ceux d'Israël, hommes et

femmes, à chacun un pain, une portion de viande et un gâteau de raisins... ».

La communion fraternelle est, elle aussi, un moyen important de louer le Seigneur ! Lorsque nous nous assemblons lors d'un repas en commun, une Agape, qui signifie en grec « amour fraternel », nous réjouissons le cœur de Dieu. Nous le louons par le témoignage de notre amour les uns pour les autres.

Réapprendre à faire la fête !

Savez-vous que Dieu ordonne 36 fois au moins dans sa Parole de nous RÉJOUIR ? Je dis « au moins » parce que je n'ai compté que les fois où il donne cet ordre « Réjouis-toi, réjouissez-vous ». Il utilise pour cela le mot hébreu *« ranan »* qui peut se traduire littéralement par : Triompher, venir à bout de ses difficultés, dominer. Pousser un cri retentissant, des acclamations de joie.

Nous devons absolument réintégrer dans nos cultes cette dimension festive. Dieu désire que le peuple soit dans l'allégresse parce que c'est là qu'il trouvera sa force. Il suffit pour s'en convaincre de lire les deux textes suivants :
1 Ch.16.27 : *« La majesté et la splendeur sont devant sa face, la force et la joie sont dans sa demeure ».* Lorsque nous nous rendons dans la demeure de Dieu, l'assemblée des frères, ou tout simplement lors de notre culte personnel, nous nous rendons à la source de la force et de la joie.

Cette joie est normale puisqu'elle vient de notre rencontre avec notre Père, mais parfois, j'entends dire que cette joie, puisqu'elle est spirituelle, ne doit pas se manifester de façon charnelle.

C'est là une erreur qui entraîne encore aujourd'hui certaines églises dans la grisaille. Lisons plutôt cet autre texte où il est question de joie et de force.

Néh. 8.10 : *« Ils leur dirent : Allez, mangez des viandes grasses et buvez des liqueurs douces, et envoyez des portions à ceux qui n'ont rien préparé, car ce jour est consacré à notre Seigneur ; ne vous affligez pas, car la joie de l'Éternel sera votre force ».*

Chers amis, les viandes grasses et les liqueurs douces ne sont certes pas des mets spirituels, mais bel et bien des mets de la chair. Dieu nous demande de faire la fête, de nous réjouir corps, âme et esprit. Cela fait aussi partie de la louange. Dieu demande à son peuple de faire la fête afin de se remémorer toutes les étapes importantes de la vie et de l'histoire de leur relation (Pâques, pains sans levain, tabernacles, moisson…). Nous qui célébrons aujourd'hui la résurrection du Christ, n'avons-nous pas de bonnes raisons de nous réjouir ?

Trop de chrétiens se réjouissent plus facilement lorsque l'équipe de foot favorite remporte un match que lorsqu'il s'agit de célébrer le Roi des Rois ! ! ! Est-ce bien normal ?

Réapprendre à proclamer :

Il est primordial que nous comprenions l'importance de la parole proclamée dans nos louanges.

Lisons ensemble dans Genèse 1 : « *Dieu dit : que la lumière soit ! Et la lumière fut... Dieu dit : qu'il y ait une étendue entre les eaux... Dieu dit : que les eaux qui sont au-dessous du ciel se rassemblent en un seul lieu, et que le sec paraisse. Et cela fut ainsi.* »

Chaque parole que Dieu prononce est créatrice et ne reste pas sans effet, Josué 23.14. De même, nos paroles le sont aussi si elles sont inspirées par le Saint-Esprit ou par la Parole de Dieu.

Quand je loue Dieu en proclamant qu'Il est l'Eternel qui guérit, qui pourvoit, etc. je lui donne la possibilité de manifester ces choses au milieu de l'assemblée.

Le fait de proclamer ce que nous avons appris des promesses de Dieu dans sa Parole met le cachet de notre foi dessus.

Un des merveilleux exemples de cela se trouve dans le livre des Chroniques, avec l'histoire de Josaphat. Lisons ensemble le résumé de cette histoire dans 2 Chroniques 20 :

« *Après cela, les fils de Moab et les fils d'Ammon, et avec eux des Maonites, marchèrent contre Josaphat pour lui faire la guerre... Dans sa frayeur, Josaphat se disposa à chercher l'Éternel... Eternel, Dieu de nos pères, n'es-tu pas Dieu dans les cieux, et n'est-ce pas toi qui domines sur tous les royaumes des nations ? ... Tout Juda se tenait debout devant l'Éternel, avec leurs petits-enfants, leurs femmes et leurs fils. Alors l'Esprit de l'Éternel saisit au milieu de l'assemblée Jachaziel. Et Jachaziel dit : Soyez attentifs, tout Juda et habitants de Jérusalem, et toi roi Josaphat ! Ainsi vous parle l'Éternel, ne craignez point et ne vous effrayez point devant cette multitude nombreuse, car ce ne sera pas vous qui combattrez, ce sera Dieu. Demain, descendez contre eux… Vous n'aurez point à combattre en cette affaire, présentez-vous, tenez-vous là, et vous verrez la délivrance que l'Eternel vous accordera…*

Le lendemain, ils se mirent en marche de grand matin pour le désert de Tekoa. À leur départ, Josaphat se présenta et dit, écoutez-moi, Juda et habitants de Jérusalem ! Confiez-vous-en l'Éternel, votre Dieu… Puis d'accord avec le peuple, il nomma des chantres qui, revêtus d'ornements sacrés, et marchant devant l'armée, célébraient l'Éternel ! Au moment où l'on commençait les chants et les louanges, l'Éternel plaça une embuscade contre les fils d'Ammon et de Moab et ceux de la montagne de Seïr, qui étaient venus contre Juda. Et ils furent battus… Lorsque Juda fut arrivé sur la hauteur d'où l'on aperçoit le désert, ils regardèrent du côté de la multitude, et voici, c'étaient des cadavres étendus à terre… ils trouvèrent parmi les cadavres d'abondantes richesses et des objets précieux, et ils en enlevèrent tant qu'ils ne purent tout emporter. Ils mirent trois jours au pillage du butin, car il était considérable. »

Nous comprenons à travers ce texte ce que proclamer veut dire. Il ne s'agit pas d'une simple parole que nous répéterions inlassablement. Ceci s'apparenterait plus à un « mantra » ou encore à la pensée positive qui ne sont que de pâles copies de la proclamation de la foi.

Il s'agit en fait de proclamer tant par notre bouche que par nos actes que l'Éternel est Dieu. Josaphat a compris cela. Il reçoit la prophétie de Jachaziel qui dit que Dieu combattra à leur place et il la proclame de sa bouche à son tour. Mais surtout, il agit en conséquence de cette proclamation et contre toute logique stratégique : il envoie en première ligne les chantres, car il sait, il a la foi, qu'il n'aura pas à se battre puisque Dieu a dit qu'Il le ferait à leur place.

Dieu parle, Josaphat proclame cette parole et il agit en fonction avec foi ! C'est alors que les promesses peuvent s'accomplir. Proclamer une promesse, c'est la revendiquer avec foi. La Parole de Dieu est pleine de trésors que nous devons faire nôtres en remerciant Dieu dans notre louange pour ces promesses. Car une promesse est réalité pour celui qui la proclame avec foi. Il ne faut pas que la Parole de Dieu s'éloigne de notre cœur : alors celui-ci sera plein d'un merveilleux trésor.

« L'homme bon tire de bonnes choses du bon trésor de son cœur, et le méchant tire de mauvaises choses de son mauvais trésor ; car c'est de l'abondance du cœur que la bouche parle ». Luc 6.45

La louange prophétique

La conclusion que nous pouvons tirer de la lecture des textes des Chroniques nous amène à constater que la louange, au temps de David, était une véritable source de prophéties.

J'ai toujours été émerveillé à la lecture d'un psaume comme le Psaume 22. Le calvaire de Jésus y est décrit avec une précision… toute « prophétique ». Jusqu'aux paroles de Christ : *« Mon Dieu ! Mon Dieu ! Pourquoi m'as-tu abandonné… »* Le supplice de la croix y est décrit alors qu'au temps de David, il était inconnu dans le Moyen-Orient !

Ceci n'est qu'un exemple parmi tant d'autres dans les textes bibliques. Nous pouvons l'expliquer de deux façons. Tout d'abord, lorsque nous proclamons dans la louange le règne de Christ, sa puissance, son retour, etc., nous proclamons quelque chose de prophétique : il n'y a pas encore d'accomplissement visible, mais nous l'affirmons parce que nous avons foi en ce que l'Esprit de Dieu nous inspire.

Ensuite, notre louange est prophétique parce qu'elle attire la présence de Dieu : *« Pourtant, tu es le Saint, Tu sièges au milieu des louanges d'Israël. »* PS. 22.4. Cette présence est source de prophéties.

Souvent, après un temps d'adoration, l'Esprit m'inspire un chant d'adoration ou de proclamation prophétique. Il m'arrive de décrire en chantant une vision que je vois en esprit. Souvent, je suis incapable de rechanter ou de rejouer les accords de ces chants à la fin du culte.

Nous devons être attentifs à l'Esprit prophétique lorsque nous animons la louange afin de ne pas brider celui-ci. Il n'y a rien de pire dans la louange que d'entonner un chant pour meubler le silence quand Dieu veut parler.

Souvenons-nous que nous sommes là pour Lui. Il doit être le centre de toute notre attention, nous devons donc veiller à ce que ce soit Lui qui soit le centre et qui dirige notre louange. Alors celle-ci devient véritablement prophétique.

Pour conclure ce chapitre, je voudrais simplement faire remarquer la splendeur de la louange au temps de David. Nous devons prendre conscience qu'elle doit revenir dans nos cultes aujourd'hui puisqu'*« En effet, la loi, qui possède une ombre de biens à venir, et non l'exacte représentation des choses, ne peut jamais, par les mêmes sacrifices qu'on offre perpétuellement chaque année, amener les assistants à la perfection »*. Hébreux 10.1

Nous devons aller au bout de cette démarche.

« Mais l'heure vient, et elle est déjà venue, où les vrais adorateurs adoreront le Père en esprit et en vérité ; car ce sont là les adorateurs que le Père demande ». Jean 4.23

L'adoration est ce qui me semble la phase d'aboutissement de notre louange. C'est le moment où nous nous abandonnons entièrement entre les mains de Dieu. C'est dans ce moment que nous pouvons être des adorateurs en esprit et en vérité. Contrairement à l'aspect festif de la louange, ou encore à la proclamation de foi, qui peuvent être, d'une certaine façon « positivement charnelles », l'adoration de Dieu est purement spirituelle.

C'est pourquoi notre adoration est quelque chose qui doit venir de notre cœur plutôt que de nos lèvres.

Si nos déclarations, comme nous l'avons vu, sont importantes à cause de la puissance qu'elles engendrent, ce qui compte pour Dieu n'est pas que nous lui disions qu'il est un grand Dieu, mais que nous agissions en conséquence.

Il ne sert à rien de déclarer qu'Il est grand si je ne suis pas capable de lui faire confiance dans tous les domaines de ma vie.

Il n'attend pas de nous que nous soyons parfaits pour agréer nos louanges. C'est d'ailleurs pour cela que Jésus nous précède dans le Saint des saints, porteur de son propre sang afin que nous ayons accès au Père. Mais Dieu attend de nous que nous nous abandonnions à Lui.

LA CONSTRUCTION DU TEMPLE

Je voudrais maintenant revenir sur cette notion de tabernacle de David que l'église semble redécouvrir depuis quelques années. Beaucoup considèrent cela comme un phénomène de mode et ils n'ont pas entièrement tort.

En effet, le Saint-Esprit a accéléré un processus de restauration de l'église qui commença avant même la Réforme au XIIe siècle avec les Jean Hus, Pierre Valdo et consort.

Ce processus a amené l'église à redécouvrir peu à peu des points primordiaux de l'enseignement biblique qui ont été oubliés.

Luther a redécouvert le salut par la grâce, les Anabaptistes le baptême pour des adultes convertis, les Méthodistes la nécessité de l'évangélisation à l'encontre de la doctrine Calviniste en vogue à l'époque, les Pentecôtistes le parler en langues et le don du Saint-Esprit… Depuis le début du XXe siècle, cette tendance s'est accélérée et tous les 10/15 ans, elle donne naissance à des mouvements d'églises.

Si chacune de ces redécouvertes est une chose merveilleuse en soi, vouloir la séparer de celle qui la précède comme de celles qui la suivent serait une folie !

À chaque vague de l'Esprit, beaucoup pensent qu'ils entrent dans « LE » Réveil. Ils méprisent souvent les fondements du réveil précédent sur lequel leur réveil est bâti, et ils réfutent aussi souvent avec ardeur celui qui suit.

C'est comme cela que, d'un réveil à l'autre, on voit les persécutés d'hier devenir les persécuteurs d'aujourd'hui, considérant que la révélation qu'ils ont reçue est « LA » révélation finale. Ils croient régulièrement que, s'il doit y avoir une autre révélation, elle passera forcément par eux puisqu'ils ont été dignes de recevoir la précédente !

Je crois pour ma part qu'il y a un vrai danger dans l'immobilisme, et aujourd'hui, même si moi-même j'organise des cessions de louanges de plusieurs heures, je considère que le « Tabernacle de David » n'est pas un but en soi. J'aime particulièrement la louange, la musique lorsqu'elle est ointe par Dieu, les équipes de chantres qui travaillent dur pour offrir à Dieu le meilleur d'elles-mêmes. Mais tout ceci finira un jour pour laisser la place à quelque chose de plus grand encore.

David, qui a instauré son Tabernacle, avait un autre but dans son cœur : celui de construire un temple à l'Éternel.

Lisons ensemble ces quelques versets tirés du chapitre 17 du Livre des Chroniques : versets 1 à 4 : *« Lorsque David fut établi dans sa maison, il dit à Nathan le prophète, voici j'habite dans une maison de cèdre, et l'arche de l'alliance de l'Éternel est sous une tente. Nathan répondit à David, fait tout ce que tu as dans le cœur, car Dieu est avec toi. La nuit suivante, la parole de Dieu fut adressée à Nathan, va dire à mon serviteur David, ainsi parle l'Éternel, ce ne sera pas toi qui me bâtiras une maison pour que j'en fasse ma demeure. »*

Nous avons vu ensemble qu'elle est la splendeur de la louange perpétuelle organisée sous le Tabernacle de David. Mais cela n'était pas un but en soi. David voulait construire un temple merveilleux, grandiose, à la gloire de son Dieu !

Bien sûr, certains trouvent puéril que David ait pu croire qu'il pourrait offrir un « pied-à- terre » à Dieu. Le créateur de l'univers, qui siège dans les cieux et dont le marchepied est notre terre, comment lui construire un temple digne de sa gloire ?

D'autres penseront que cette idée était le fruit de l'orgueil de David, et que c'est pour cela que Dieu lui refusa de construire ce temple. D'autres affirment que c'était pour éviter que le peuple retombe dans ce vieux travers de vouloir matérialiser Dieu (comme avec le veau d'or) et que la construction de ce temple permettrait au peuple de cristalliser sa foi sur quelque chose de concret.

Mais, quelle que soit la raison qui poussa David dans ce projet, je pense que le plus intéressant est la réponse que Dieu va faire à son serviteur. Alors que David veut bâtir une maison pour l'Eternel, celui-ci lui déclare que c'est Lui, l'Eternel, qui bâtira une maison pour David (versets 10 à 12) : *« Et je t'annonce que l'Eternel te bâtira une maison. Quand tes jours seront accomplis et que tu iras auprès de tes pères, j'élèverai ta postérité après toi, l'un de tes fils, et j'affermirai pour toujours son trône. Je serai pour lui un père, et il sera pour moi un fils ; et je ne lui retirerai point ma grâce, comme je l'ai retirée à celui qui t'a précédé. Je l'établirai pour toujours dans ma maison et dans mon royaume, et son trône sera pour toujours affermi. »*

Il nous est aisé de comprendre de quel descendant il est question ici ! Notre Seigneur Jésus. L'Éternel explique son plan parfait à David en quelques mots qui donnent un sens aux futures paroles de Christ.

Le plan de Dieu, ce n'est pas qu'on lui construise un temple, quelle que soit sa beauté, sa gloire, sa taille. L'Eternel veut que Jésus bâtisse un temple : *« Ce sera lui qui me bâtira une maison, et j'affermirai pour toujours son trône »*.

Cette parole prophétique sera annoncée de nouveau par Jésus lui-même dans Jean 2.19 : *« Jésus leur répondit, détruisez ce temple, et en trois jours je le relèverai. »*

Chacun conçoit aisément que Jésus ne parle pas là de ce temple de pierres édifié par Hérode, mais de ce temple qu'Il est lui-même.

Dans Matthieu 16.18, il explique comment lui, il rebâtira le temple que Dieu annonce dans le texte des Chroniques : *« Et moi, je te dis que tu es Pierre, et que sur ce roc je bâtirai mon Église ! »*

En effet, c'est sur ce roc que constitue la déclaration de Pierre : *« Tu es le messie »* que Christ va bâtir son église. Autrement dit, le fait que Jésus soit le messie annoncé lui donne la légitimité pour bâtir ce temple que Dieu avait promis à David.

La première pierre de cet édifice sera posée au moment de l'ascension : Actes 1.4 à 8 : *« Un jour qu'il prenait un repas avec eux, il leur donna cet ordre : ne vous éloignez pas de Jérusalem, mais attendez ce que le Père a promis, le don que je vous ai annoncé. Car Jean a baptisé avec de l'eau, mais vous, dans peu de jours, vous serez baptisés avec le Saint-Esprit. Ceux qui étaient réunis auprès de Jésus lui demandèrent alors : Seigneur, est-ce en ce temps-ci que tu rétabliras le royaume d'Israël ? Jésus leur répondit : Il ne vous appartient pas de savoir quand viendront les temps et les moments, car le Père les a fixés de sa seule autorité. Mais vous recevrez une force quand le Saint-Esprit descendra sur vous. Vous serez alors mes témoins à Jérusalem, dans toute la Judée et la Samarie, et jusqu'au bout du monde. »*

Qu'est-ce que l'église ?

Pour ma part, je crois que la meilleure définition de ce qu'est l'église se trouve dans les versets suivants :

« *Approchez-vous de lui, pierre vivante, rejetée par les hommes, mais choisie et précieuse devant Dieu ; et vous-mêmes, comme des pierres vivantes, édifiez-vous pour former une maison spirituelle, un saint sacerdoce, afin d'offrir des victimes spirituelles, agréables à Dieu par Jésus-Christ.* » 1 Pierre 2.4 et 5.

Si nous voulons bâtir un temple de louange pour notre Dieu, nous devons impérativement le construire avec des pierres vivantes.

La question que nous devons nous poser, avant de vouloir bâtir, c'est : « Sommes-nous des pierres vivantes ou des pierres tombales ? »

Parfois, je me pose la question de savoir si Jésus pourrait déclarer à mon égard la même chose qu'il dit dans Matthieu 23.27 *: « Malheur à vous, maîtres de la loi* *et pharisien hypocrite ! Vous ressemblez à des tombeaux blanchis qui paraissent beaux à l'extérieur, mais qui, à l'intérieur, sont pleins d'ossements de morts et de toute sorte de pourriture.* »

Nous levons les mains bien hautes dans l'église, nous crions des « Hallelujah » et des « Amen » bien fort, nous donnons nos dîmes et nos offrandes et toutes ces choses sont très bonnes. Mais qu'en est-il après, quand le culte est fini et que nous rentrons chez nous. Sommes-nous toujours aussi vivants et zélés ? Est-ce que dans notre vie quotidienne, nous avons le même enthousiasme à nous positionner comme des chrétiens réveillés ?

Les principes de la vie en Christ semblent être, pour beaucoup de chrétiens, incompatibles avec les réalités quotidiennes. Beaucoup en fin de compte ne semblent être en vie que le dimanche matin entre 9 heures et midi, puis ils meurent le lundi jusqu'au dimanche suivant où ils ressuscitent de nouveau.

Ce n'est pas avec des pierres de la sorte que nous pourrons bâtir un temple glorieux !

Comprenons aussi que dans la construction de ce temple pour la gloire de Dieu, Jésus n'utilise pas des briques, toutes semblables les unes aux autres, mais des pierres vivantes.

N'avez-vous jamais vu deux pierres identiques dans la nature ? Non, bien sûr ! Elles sont toutes différentes, et c'est pourquoi la création de Dieu est si belle ! Quand on construit une bâtisse en pierres de tailles naturelles, on n'y applique pas de crépi, car la beauté des pierres ne doit pas être masquée !

Le crépi n'est employé que lorsque l'on utilise des parpaings, tous identiques, faciles à monter, mais pas très beaux !

Il en va de même pour l'église quand elle est construite avec des chrétiens, « pierres vivantes » : c'est moins facile à monter. Il y a plus de travail, car l'on doit trouver quelle pierre s'accordera bien avec telle autre. On doit prendre le temps de nettoyer les pierres pour que ce qu'il y a de mieux en elles soit mis en valeur. Il faut adapter le scellement en fonction de chacune d'elles, imaginer les résultats non pas en fonction de sa forme immédiate, mais une fois qu'elle sera intégrée dans l'ensemble. Quand tout ce travail est fait, notre mur est merveilleux par la beauté des pierres. Cela devient une œuvre d'art. L'Église, la fiancée de Christ, est digne de son Roi !

Tandis que lorsque l'on construit avec des chrétiens « parpaings », tous semblables, la construction va plus vite, mais l'on est obligé de lui appliquer un crépi… de religiosité ! Trop de pasteurs veulent construire trop vite, quitte à briser dans leur « moule à briques » la vie des pierres vivantes que Dieu leur a confiée.

Qui dit pierres vivantes, dit pierres en constante évolution ! Chaque chrétien, s'il est vivant, est un ministère en devenir. Laissons à chacun le temps de devenir la pierre que Dieu veut faire de lui ! C'est lui qui va la tailler, qui va aussi choisir la place exacte où elle sera le mieux ancrée aux autres et aussi là où elle aura le plus bel effet ! Dieu, qui sait exactement le but final qu'il souhaite atteindre, ne regarde pas les pierres que nous sommes telles qu'elles sont aujourd'hui, mais telles qu'elles seront une fois nettoyées, taillées, assemblées à d'autres. Nous fonctionnons souvent de façon différente dans notre façon de construire. Nous préférons des briques toutes prêtes à l'emploi. Nous exigeons souvent des chrétiens qu'ils correspondent au gabarit de notre plan. Sinon, nous les rejetons, persuadés que Dieu lui-même ne pourra rien en faire. Ceci est hélas aussi vrai chez certains serviteurs de Dieu qui n'ont pas compris que leur rôle dans la construction de ce temple n'était pas d'être architecte, mais manœuvre de l'Éternel !

Comment Christ bâtit-il son Église ?

Aujourd'hui, je crois que nous sommes dans la phase finale de cette construction. Depuis quelques années déjà, l'église a redécouvert la réalité des cinq ministères et accepte que ceux-ci se manifestent de nos jours après quelques siècles durant lesquels ils étaient restés dans une sorte « d'hibernation ». Mais revoyons le but que Dieu avait fixé aux cinq ministères.

« Et il a donné les uns comme apôtres, les autres comme prophètes, les autres comme évangélistes, les autres comme pasteurs et docteurs, pour le perfectionnement des saints en vue de l'œuvre du ministère et de l'édification du corps de Christ, jusqu'à ce que nous soyons tous parvenus à l'unité de la foi et de la connaissance du Fils de Dieu, à l'état d'homme fait, à la mesure de la stature parfaite de Christ. » Éphésiens 4.11 à 13

Certains pensent aujourd'hui encore que les ministères d'apôtres, de prophètes, etc. ont disparu avec la compilation de la Bible, celle-ci devant amener l'ensemble du Corps de Christ à l'unité de la foi. Mais nous devons bien constater à ce jour que cette unité est loin d'être établie. Nous verrons donc les 5 ministères à l'œuvre, *« jusqu'à ce que nous soyons tous parvenus à l'unité de la foi »* !

L'unité de la foi ne signifie aucunement que nous devons tous être d'accord sur tout. Beaucoup de gens s'imaginent que le fait qu'ils aient raison implique automatiquement que les autres ont tort, et c'est faux !

Seul Dieu a une vue d'ensemble de la foi et il est temps que nous l'admettions. Nous n'aurons une connaissance parfaite de son œuvre et de sa parole que lorsqu'il nous aura élevés à sa rencontre. En attendant, dans sa sagesse, il a réparti cette connaissance entre les différentes grandes tendances du christianisme. Ceci pour nous obliger à collaborer afin d'être les plus efficaces possible dans son œuvre.

Certains considèrent comme démoniaque le fait qu'il y ait tant de dénominations et d'églises. Je crois au contraire que c'est le fruit de la sagesse de Dieu.

L'unité de la foi, c'est de comprendre que, quelles que soient nos différences, nous sommes appelés à être unis à tous les autres chrétiens. Non pas par nos doctrines, mais par la grâce que Dieu nous a faite en nous envoyant son Fils !

Si ce n'est pas encore le cas, c'est le but que nous devons viser. Combien de versets bibliques nous ordonnent de marcher dans l'amour et l'unité !

Nous devons comprendre qu'il ne peut y avoir de louange parfaitement agréable à Dieu dans la division et le mépris du reste du Corps de Christ.

Ce principe nous est révélé dans la Sainte Cène, acte d'adoration par excellence, tel que nous le décrit l'apôtre Paul dans 1 Cor. 11.27 à 31 : « *C'est pourquoi celui qui mangera le pain ou boira la coupe du Seigneur indignement, sera coupable envers le corps et le sang du Seigneur. Que chacun donc s'éprouve soi-même, et qu'ainsi il mange du pain et boive de la coupe ; car celui qui mange et boit sans discerner le corps du Seigneur, mange et boit un jugement contre lui-même. C'est pour cela qu'il y a parmi vous beaucoup d'infirmes et de malades, et qu'un grand nombre sont morts. Si nous nous jugions nous-mêmes, nous ne serions pas jugés.* »

Que signifie : « qui mangera le pain ou boira la coupe du Seigneur indignement » ?

Le but de la Sainte Cène est de se souvenir de la chose la plus essentielle du passage de Jésus Christ sur notre terre. Cette chose n'est ni un enseignement ni une histoire de miracles.

C'est le sacrifice rédempteur qu'il a accompli pour nous, tous ceux qui croient en lui, et cela est gratuit.

Paul nous met donc en garde contre le danger que représente le fait de mépriser ceux à qui s'adresse ce salut, alors que nous sommes nous-mêmes à son bénéfice.

Il le dit précisément dans la suite du texte : « *Car celui qui mange et boit sans discerner le corps du Seigneur, mange et boit un jugement contre lui-même.* »

Or, le corps du Seigneur est constitué de tous ceux qui ont cru ! Sans exception !

Paul nous déclare ici que s'il y a des malades et même des morts, c'est parce que certains pensent être aptes à discerner mieux que Dieu lui-même qui fait partie ou non du corps de Christ. Paul nous rappelle ici le vieil adage de la paille et de la poutre. *« Si nous nous jugions nous-mêmes, nous ne serions pas jugés ! »*

Rappelons que le contexte de la lettre qu'envoie Paul aux Corinthiens est la division. Lisons pour nous en convaincre comment Paul commence sa lettre : Paul commence sa salutation en expliquant que nous sommes sauvés par notre foi en Jésus-Christ, et que cela implique que nous lui appartenons et que désormais, nous sommes appelés à vivre POUR LUI ! : *« A l'Église de Dieu qui est à Corinthe, à ceux qui, là-bas, sont appelés à vivre pour Dieu et qui lui appartiennent par la foi en Jésus-Christ… ».*

Il continue sa salutation en étendant sa bénédiction à tous ceux qui croient en Christ, quelle que soit leur église locale à Corinthe en déclarant que leur Seigneur et le sien ne font qu'un !

« … et à tous ceux qui, partout, font appel au nom de notre Seigneur Jésus-Christ, leur Seigneur et le nôtre : Que Dieu notre Père et le Seigneur Jésus-Christ vous accordent la grâce et la paix. »

Paul fait ensuite cet appel pressant : *« Frères, je vous en supplie au nom de notre Seigneur Jésus-Christ : mettez-vous d'accord, qu'il n'y ait pas de divisions parmi vous ; soyez parfaitement unis, en ayant la même façon de penser, les mêmes convictions. »*

Il déclare que notre but doit être avant tout d'appartenir au corps de Christ, et en aucun cas à une dénomination quelconque : *« Voici ce que je veux dire :*

parmi vous, l'un déclare : moi j'appartiens à Paul, l'autre : Moi à Appolos ; un autre encore : Moi à Pierre et un autre : Et moi au Christ ».

Enfin, il annonce clairement que le corps de Christ ne peut être divisé ! « *Pensez-vous qu'on puisse diviser le Christ ? Est-ce Paul qui est mort sur la croix pour vous ? Avez-vous été baptisés au nom de Paul ? »*

Nous passons souvent plus de temps à discuter à ne plus en finir sur les erreurs des autres plutôt qu'à leur témoigner de l'amour et du respect que nous leur devons en tant que frère en Christ.

Esaïe 58. 9 et 10 nous dit « *Quand tu appelleras, le Seigneur te répondra ; quand tu demanderas de l'aide, il te dira : j'arrive ! <u>Si tu cesses chez toi de faire peser des contraintes, de ridiculiser les autres en les montrant du doigt, ou de parler d'eux méchamment,</u> si tu partages ton pain avec celui qui a faim, si tu donnes à manger à qui doit se priver, alors la lumière chassera l'obscurité où tu vis ; au lieu de vivre dans la nuit, tu seras comme en plein midi. »*

Dieu ne veut pas que nous fassions des discours moqueurs et méchants ! Il veut au contraire que nous témoignions de son amour autant par nos paroles que par nos actes. Alors, nos ténèbres seront éclairées comme le midi.

Combien de fois, mes amis, avons-nous perdu cela de vue ? Combien de fois avons-nous raté la cible (ce qui est la définition même du mot « péché ») à force de tirer à tort et à travers sur tout ce qui bouge en dehors de notre compréhension limitée du plan ? Combien de fois avons-nous oublié d'aimer ?

Je ne cherche pas à être alarmiste, mais simplement à être lucide. Il nous faut confesser notre péché à Dieu, puisque c'est bien de cela qu'il s'agit, et lui demander de changer notre mentalité.

Notre cœur est bien trop exigu pour que nous puissions aimer comme Dieu l'attend de nous. Aimer nos ennemis, ceux qui nous ennuient, ceux qui nous persécutent, ceux qui n'ont pas la même doctrine que nous, etc. Cela n'est pas du domaine de notre âme, mais de celui de notre esprit. Et nous avons besoin de réaliser qu'aucun de nous ne peut manifester un fruit de l'Esprit à partir de son âme !

Alors, comment avoir les sentiments de Christ pour notre prochain ? Comment faire de ce commandement : « *Aimez-vous les uns les autres* » une réalité quotidienne ?
Christ y arrivait parce que contrairement à nous, il n'était pas « DOCTRINOCENTRIQUE » !

Je me fais parfois, et peut-être cela vous arrive aussi, l'impression de ne pas valoir mieux que ces pharisiens qui reprochèrent à Jésus de guérir le jour du Sabbat.
Nous nous voulons les vaillants défenseurs de la sainte doctrine et nous parlons de pureté théologique en oubliant que la logique de Théo, c'est l'AMOUR qui surpasse toute autre considération.

Pour que cet Amour devienne une réalité, nous devons apprendre à considérer l'autre comme étant tout aussi important, si ce n'est plus, que nous-mêmes dans le plan de Dieu. Cela devient possible si nous gardons les yeux fixés sur Christ plutôt que sur soi.

Lorsque Jean décrit l'adoration devant le trône de Dieu, il le fait dans ces termes :

« Les quatre êtres vivants ont chacun six ailes, et ils sont remplis d'yeux tout autour et au-dedans. Ils ne cessent de dire jour et nuit, Saint, saint, saint est le Seigneur Dieu, le Tout-Puissant, qui était, qui est, et qui vient ! Quand les êtres vivants rendent gloire, honneur et Actions de grâces à celui qui est assis sur le trône, à celui qui vit aux siècles des siècles, les vingt-quatre vieillards se prosternent devant celui qui est assis sur le trône, ils adorent celui qui vit aux siècles des siècles, <u>et ils jettent leurs couronnes devant le trône</u>, en disant, Tu es digne, notre Seigneur et notre Dieu, de recevoir la gloire, l'honneur et la puissance ; car tu as créé toutes choses, et c'est par ta volonté qu'elles existent et qu'elles ont été créées. » Apocalypse 4.8 à 11

Nous devons être prêts à jeter, nous aussi, nos couronnes au pied de Christ. La couronne de notre position dans l'église locale, celle de nos réussites, celle de notre ministère même.

Je suis persuadé que si n'attachions pas tant d'importance à toutes ces choses, nous serions en bien meilleur terme avec les autres et avec Dieu aussi !

Nos couronnes sont devenues des idoles. Elles prennent la place qui revient à Dieu dans la louange dès qu'elles deviennent plus importantes à nos yeux que le frère ou la sœur qui est à côté de nous ! Et c'est souvent le cas ! Alors qu'en est-il de nos frères et sœurs des autres assemblées ! ?

Le temple, qu'est le corps de Christ, n'est pas constitué d'un, mais de plusieurs murs, de plusieurs portes, de tour de guet, etc. Il devient alors une forteresse à l'abri de laquelle nous pouvons nous réfugier. Un mur tout seul n'a jamais pu arrêter une armée ennemie. Tout simplement parce qu'un mur, cela se contourne ! Durant la Seconde Guerre mondiale, les Français l'ont appris à leurs dépens avec la ligne Maginot !

Même si notre église est construite avec de belles pierres vivantes, mais qu'elle reste isolée dans son coin, elle sera comme un mur planté au milieu d'un champ ! Pour commencer, ce sera un mur fragile, car rien ne le retient sur les côtés, mais de plus ce sera un mur inutile ! Le but de construire des murs, c'est de bâtir un édifice afin de pouvoir s'y abriter. Un seul mur n'est pas un édifice et ne peut abriter personne ! Il en faut obligatoirement plusieurs.

Dieu a prévu que la construction de son temple se fasse avec plusieurs murs qui forment ainsi une forteresse de louange et de prières face à nos ennemis ! Luc 19.46 : *« Ma maison sera une maison de prière »*.

4) Un Peuple, 12 Tribus... des clans et des familles !

La façon dont Dieu a structuré le peuple d'Israël est riche d'enseignements pour celui qui veut comprendre la diversité des églises que nous rencontrons dans le corps de Christ aujourd'hui.

La Bible nous explique que le peuple d'Israël était divisé en douze tribus, elles-mêmes divisées en clans, eux-mêmes divisés en familles. Juges 6.15 : « *Je t'en prie, Seigneur, répondit Gédédon, comment pourrais-je sauver Israël ? Mon clan est le plus faible de la tribu de Manassé et moi, je suis le plus jeune de ma famille.* »

Comprenons bien que le fait d'appartenir à la plus petite des familles n'excluait pas de l'ensemble du peuple. Au contraire ! Souvenez-vous comment un homme victime d'une injustice rassemblera 11 tribus pour que justice lui soit rendue ; et comment ces 11 tribus feront tout pour sauver de la disparition la douzième tribu d'Israël menacée d'extinction ! (Juges 19 à 21)

Nous oublions parfois que les deux seules règles qui scellaient les relations entre les douze tribus d'Israël étaient :

➢ La louange : tout le peuple devait se rendre à Jérusalem, dans un lieu unique, pour adorer Dieu. Si ce lieu aujourd'hui n'est plus unique, l'état d'esprit d'unité dans la louange et l'adoration doit demeurer.

➢ La guerre : chaque tribu devait en effet assistance aux autres en cas de conflit. Le plus souvent hélas, nous constatons que les églises ont plus tendance à se réjouir des attaques dont sont victimes les « églises concurrentes » plutôt que de leur prêter main-forte dans ces temps difficiles ! Certains allant même jusqu'à « intercéder (SIC) » pour la chute d'une autre assemblée !

Si Dieu a trouvé bon de nous montrer l'exemple à suivre dans cette « école de l'église » que représente la vie d'Israël dans l'Ancien Testament, il me semble incongru de déclarer que les dénominations sont l'œuvre du diable. Ce qui est le travail de Satan, c'est d'élever ces dénominations les unes contre les autres.

Si nous voulons être dans son plan, nous devons impérativement comprendre que cela ne se fera pas sans les autres membres du corps de Christ. Ce n'est que tous ensemble que nous pouvons faire monter vers Dieu une louange qu'Il va agréer. Et il en est de même pour tout ce qui concerne l'établissement de son Royaume.

J'ai reçu il y a quelques années cette parole : *« Je cherche un peuple de bâtisseurs de route et de ponts, dit le Seigneur, pas de bâtisseurs de murs. »* Notre problème, c'est que nous cherchons à bâtir l'église à la place de Christ. Et souvent, nous en faisons une forteresse hermétique tant pour les autres chrétiens que pour les inconvertis ! Alors que Dieu attend de nous que nous bâtissions des routes qui mènent à Christ et des portes donnant accès au temple de l'Éternel !

Il est grand temps que nous comprenions que nous ne sommes pas appelés à remplir notre église, mais à vider l'enfer !

Nous perdons souvent de vue que le fait d'appartenir à une église locale est non seulement bon en soi, mais que c'est aussi nécessaire. L'église locale est le bon endroit où nous allons grandir, apprendre, recevoir l'appel de Dieu pour notre vie. Nous devons à notre église locale loyauté et amour, ce qui ne signifie pas que nous devons y passer toute notre vie. Il y a des saisons durant lesquelles nous devons apprendre à changer de pâturage !

Mais cette loyauté à notre église locale ne doit pas nous faire perdre de vue que d'autres églises locales font partie du même corps de Christ et TOUS ensemble, nous édifions le temple de l'Eternel dans lequel est célébrée sa gloire.

LA NUÉE DE DIEU S'INSTALLE !

C'est alors que nous verrons enfin ce fameux réveil après lequel chacun d'entre nous aspire. La nuée de Dieu qui recouvre tout et dans la présence de laquelle l'ennemi ne tient pas. Nous l'avons expérimenté ponctuellement, mais Dieu veut que cet état soit le quotient de nos réunions, car Il n'a jamais prévu qu'il en soit autrement pour l'église.

Souvenez-vous de Marc 16 : *« Voici les signes... »*

Nous chantons souvent : « ni par puissance, ni par force, mais par le Saint-Esprit... » Le Saint-Esprit réside au milieu d'un temple de louange à notre Dieu ! C'est lorsque cette nuée s'installera que nous pourrons véritablement considérer que Dieu conduit son peuple. Mais savons-nous exactement ce qu'est cette nuée ?

Nous pouvons constater qu'elle est présente du début à la fin de la Parole de Dieu.

Cette nuée est souvent en rapport avec la présence glorieuse de Dieu que les israélites appelaient *« Schekinah »*.

Nous pouvons lire dans la Bible plusieurs passages relatifs à cette présence : 2 Chroniques 5.11 à 14 *: « ... au moment où les sacrificateurs sortirent du lieu saint, car tous les sacrificateurs présents s'étaient sanctifiés sans observer l'ordre des classes, et tous les lévites qui étaient chantres,*

Asaph, Héman, Jeduthun, leurs fils et leurs frères, revêtus de byssus, se tenaient à l'orient de l'autel avec des cymbales, des luths et des harpes, et avaient auprès d'eux cent vingt sacrificateurs sonnant des trompettes, et lorsque ceux qui sonnaient des trompettes et ceux qui chantaient, s'unissant d'un même accord pour célébrer et pour louer l'Éternel, firent retentir les trompettes, les cymbales et les autres instruments, et célébrèrent l'Éternel par ces paroles, car il est bon, car sa miséricorde dure à toujours ! en ce moment, la maison, la maison de l'Éternel fut remplie d'une nuée. Les sacrificateurs ne purent pas y rester pour faire le service, à cause de la nuée ; car la gloire de l'Éternel remplissait la maison de Dieu. »

Ezechiel 10.4 : « *… la gloire de l'Eternel s'éleva de dessus les chérubins, et se dirigea vers le seuil de la maison ; la maison fut remplie de la nuée, et le parvis fut rempli de la splendeur de la gloire de l'Éternel.* »

Luc 21.27 : « *Alors on verra le Fils de l'homme venant sur une nuée avec puissance et une grande gloire.* »

Cependant, nous ne pouvons limiter cette nuée au simple signe de la présence de Dieu !

Dieu est présent au milieu de nous et cela doit avoir des conséquences immédiates sur notre « être », mais aussi sur nos « actions ». Il nous revient donc de comprendre dès à présent les différents rôles que la nuée a tenus dans la Bible. Rôle qu'elle doit encore tenir de nos jours dans nos vies. Voyons ensemble qu'elles sont les actions de cette nuée dans l'Ancien et le Nouveau Testament.

1) La nuée nous sert de guide !

Exode 13.21 : *« L'Eternel allait devant eux, le jour dans une colonne de nuée pour les guider dans leur chemin, et la nuit dans une colonne de feu pour les éclairer, afin qu'ils marchent jour et nuit. La colonne de nuée ne se retirait point de devant le peuple pendant le jour ni la colonne de feu pendant la nuit. »*

Nous voyons dans ce texte que le rôle de la nuée est de guider Israël dans la marche dans le désert. Nous savons que le peuple de Dieu déplace son camp en fonction des déplacements de cette nuée. Lorsque celle-ci s'arrêtait, ils installaient la tente de la rencontre sur ce lieu même, et ne repartaient qu'avec son départ.

Nombres 9.17 : *« Quand la nuée s'élevait de dessus la tente, les enfants d'Israël partaient ; et les enfants d'Israël campaient dans le lieu où s'arrêtait la nuée. Les enfants d'Israël partaient sur l'ordre de l'Éternel, et ils campaient sur l'ordre de l'Éternel ; ils campaient aussi longtemps que la nuée restait sur le tabernacle. Quand la nuée restait longtemps sur le tabernacle, les enfants d'Israël obéissaient au commandement de l'Éternel, et ne partaient point. »*

Le peuple était soumis aux injonctions de la nuée tout comme Jésus et les Apôtres du Nouveau Testament étaient soumis au Saint-Esprit dans leurs propres déplacements.

Luc 4.1 : *« Jésus, rempli du Saint-Esprit, revint du Jourdain, et il fut conduit par l'Esprit dans le désert. »*

Actes 13.4 : « *Barnabas et Saul, envoyés par le Saint-Esprit, descendirent à Séleucie, et de là ils s'embarquèrent pour l'île de Chypre.* »

Actes 16.6 : « *Ayant été empêchés par le Saint-Esprit d'annoncer la parole dans l'Asie, ils traversèrent la Phrygie et le pays de Galatie.* »

Actes 20.22 : « *Et maintenant voici, lié par l'Esprit, je vais à Jérusalem.* »

2) La nuée protège !

Exode 14.19 et 20 : « *L'ange de Dieu, qui allait devant le camp d'Israël, partit et alla derrière eux ; et la colonne de nuée qui les précédait, partit et se tint derrière eux. Elle se plaça entre le camp des Égyptiens et le camp d'Israël. Cette nuée était ténébreuse d'un côté, et de l'autre elle éclairait la nuit. Et les deux camps n'approchaient point l'un de l'autre pendant toute la nuit... À la veille du matin, l'Éternel, de la colonne de feu et de nuée, regarda le camp des Égyptiens, et mit en désordre le camp des Égyptiens.* »

Si nous sommes fidèles à nous laisser conduire par l'Esprit/la nuée de Dieu, nous demeurons sous sa protection comme Israël le fut durant sa sortie d'Égypte.

Il nous semble parfois que les directives de cette nuée ne sont pas très judicieuses et que ses choix sont contestables. Pharaon a certainement dû se moquer de Moïse et de son Dieu qui étaient de bien piètres stratèges pour enfermer le peuple dans un « cul-de-sac » comme celui-ci. Mais il s'avère toujours que Dieu sait ce qu'il fait et que dans les situations les plus périlleuses, il est toujours là, dans cette nuée, pour nous protéger ! Alléluia !

3) La nuée oint d'autorité et de puissance !

Mt. 17.5 : *« Comme il parlait encore, une nuée lumineuse les couvrit. Et voici, une voix fit entendre de la nuée ces paroles, celui-ci est mon Fils bien-aimé, en qui j'ai mis toute mon affection, écoutez-le ! »*

Beaucoup de gens cherchent dans le monde une autorité qui leur permettra d'être reconnus par leurs semblables. Cette autorité repose en général sur leur capacité à diriger ou encore sur leur compétence, dans certains cas par le fait d'être « bien né » !

Mais Dieu fonctionne différemment. Souvenez-vous de la façon dont il choisit un remplacement pour le roi Saül. L'autorité de David n'était pas basée sur ses capacités, mais sur le fait qu'il avait reçu de Samuel l'onction royale !

De même, Jésus proclame que son autorité lui vient de cette onction : Luc 4.18 : *« L'Esprit du Seigneur est sur moi, parce qu'il m'a oint... »*

Jésus base son autorité sur ce fait : Il est oint de Dieu ! D'où le surnom de Christ, qui signifie « oint ».

Bien sûr cette autorité, tout comme l'avait été celle de David, sera contestée. En effet, pourquoi le monde, qui refuse de reconnaître l'autorité de Dieu, reconnaîtrait-il l'autorité de ceux qu'il lui envoie ?

Actes 4.26 et 27 : « *Les rois de la terre se sont soulevés, et les princes se sont ligués contre le Seigneur et contre son Oint.* »

En effet, contre ton saint serviteur Jésus, que tu as oint, Hérode et Ponce Pilate se sont ligués dans cette ville avec les nations et avec les peuples d'Israël.

Mais qu'importe, la reconnaissance des hommes si Dieu vous reconnaît comme il a reconnu Christ : « *Vous savez comment Dieu a oint du Saint-Esprit et de force Jésus de Nazareth, qui allait de lieu en lieu faisant du bien et guérissant tous ceux qui étaient sous l'empire du diable, car Dieu était avec lui.* » Actes 10.38

4) Recevoir la nuée !

1 Cor.10.1 et 2 : « *Frères, je ne veux pas que vous ignoriez que nos pères ont tous été sous la nuée, qu'ils ont tous passé au travers de la mer, qu'ils ont tous été baptisés en Moïse dans la nuée et dans la mer.* »

Il serait difficile de ne pas faire le rapprochement en lisant ce texte, avec le baptême d'eau et celui du Saint-Esprit.

Jésus nous ordonne de recevoir cette nuée/Esprit qui nous conduira dans la vérité, nous consolera, fera de nous les enfants de Dieu, mais aussi qui nous donnera la capacité d'entrer dans son plan : Actes 1.8 « *Mais vous recevrez une puissance, le Saint-Esprit survenant sur vous, et vous serez mes témoins à Jérusalem, dans toute la Judée, dans la Samarie, et jusqu'aux extrémités de la terre. »*

Pour recevoir cette nuée, nous devons la chercher. C'est un principe permanent de la Parole. « Cherchez et vous trouverez », « Aspirez aux dons », etc. Les disciples, entre l'Ascension et la Pentecôte, lorsque la nuée descendit sur eux, étaient en attente dans la prière que la nuée descende.

5) Elle peut nous quitter !

Nombres 12.9 et 10 : *« La colère de l'Éternel s'enflamma contre eux. Et il s'en alla. La nuée se retira de dessus la tente. Et voici, Marie était frappée d'une lèpre, blanche comme la neige. Aaron se tourna vers Marie ; et voici, elle avait la lèpre. »*

Nous devons absolument savoir que le fait que la nuée demeure au milieu de nous un temps ne signifie pas que nous sommes définitivement dans la nuée. En effet, Saül avait reçu l'onction et celle-ci lui fut retirée par la suite. Plus tard, la « SCHEKINAH » quitta le Temple et celui-ci fut détruit (2 Rois 25).

6) Dieu est saint, sa nuée l'est donc aussi !

Lév. 16.2 : *« L'Éternel dit à Moïse, parle à ton frère Aaron, afin qu'il n'entre pas en tout temps dans le sanctuaire, au-dedans du voile, devant le propitiatoire qui est sur l'arche, de peur qu'il ne meure ; car j'apparaîtrai dans la nuée sur le propitiatoire. »*

La seule chance que nous ayons de rester vivants dans sa nuée est d'être sanctifiés par Jésus. Mais cela ne nous dispense pas de continuer à rechercher cette sainteté.

Réfléchissons à ce que ce qui est arrivé à Ananias et Saphira ne se reproduise pas.

Dans le Nouveau Testament, nous voyons que l'Esprit de Dieu peut être attristé et se retirer.

Éphésiens 4.30 : « *N'attristez pas le Saint-Esprit de Dieu, par lequel vous avez été scellés pour le jour de la rédemption.* »

La nuée, que l'on peut aussi appeler « l'onction », n'est en fin de compte que la présence de Dieu- SAINT-ESPRIT.

Tout comme le Père trône dans les cieux, Jésus intercède nuit et jour devant sa face, et le Saint-Esprit, comme il nous l'avait promis, est auprès de nous, manifesté concrètement par les manifestations de l'Onction.

Nous devons donc rechercher, comme au temps de Salomon lorsque la nuée vint s'installer dans le temple, à ce que le Saint-Esprit puisse véritablement s'installer dans le temple que nous sommes devenus nous-mêmes.

Pour cela, nous devons nous sanctifier tout d'abord en nous mettant sous le sang précieux de Christ. Ensuite, nous devons nous garder de le souiller de nouveau et si nous le faisons, nous devons revenir à la source de cette grâce qui est Jésus.

Enfin, nous devons la laisser agir en nous : qu'elle nous conduise, nous protège et nous équipe afin que nous puissions rentrer dans le plan parfait de Dieu. Amen.

PLUS LOIN DANS LE FLEUVE

De la source au fleuve !

Nous allons lire afin d'introduire notre partage deux textes dans lesquels Jésus fait appel à l'image de cours d'eau pour illustrer sa prédication.

Mais comme vous allez le constater, entre ces deux textes, une évolution importante s'opère. Lisons-les ensemble.

Jean 4 : 12 A 14 : « *Es-tu plus grand que notre père Jacob, qui nous a donné ce puits, et qui en a bu lui-même, ainsi que ses fils et ses troupeaux ? Jésus lui répondit : quiconque boit de cette eau aura encore soif ; mais celui qui boira de l'eau que je lui donnerai n'aura jamais soif, et l'eau que je lui donnerai deviendra en lui une source d'eau qui jaillira jusque dans la vie éternelle* ».

Nous voyons, dans ce premier texte, Jésus qui parle avec la Samaritaine. De quoi lui parle-t-Il ? Du Salut ! Que celui qui a soif vienne boire à la source du Salut.

Tite. 2 : 11 « *Car la grâce de Dieu, source de salut pour tous les hommes, a été manifestée* ».

Dans le second texte que nous lisons, Jésus ne fait plus

allusion à une source, mais à un fleuve. Jean 7 : 37 à 39 :
« *Le dernier jour, le grand jour de la fête, Jésus, se tenant debout, s'écria : Si quelqu'un a soif, qu'il vienne à moi, et qu'il boive. Celui qui croit en moi, des fleuves d'eau vive couleront de son sein, comme dit l'Écriture. Il dit cela de l'Esprit que devaient recevoir ceux qui croiraient en lui ; car l'Esprit n'était pas encore, parce que Jésus n'avait pas encore été glorifié.* »

Tout le monde connaît la différence entre une source et un fleuve, et je suis persuadé que si Jésus utilise les deux termes, c'est qu'il a quelque chose à nous enseigner à travers cela.

Nous voyons que Jésus parle d'un fleuve en faisant allusion au Saint-Esprit. À nous donc d'aller :

Plus loin dans le fleuve !

« *Il me conduisit par le chemin de la porte septentrionale, et il me fit faire le tour par dehors jusqu'à l'extérieur de la porte orientale. Et voici, l'eau coulait du côté droit. Lorsque l'homme s'avança vers l'orient, il avait dans la main un cordeau, et il mesura mille coudées ; il me fit traverser l'eau, et j'avais de l'eau jusqu'aux chevilles. Il mesura encore mille coudées, et me fit traverser l'eau, et j'avais de l'eau jusqu'aux genoux. Il mesura encore mille coudées, et me fit traverser, et j'avais de l'eau jusqu'aux reins. Il mesura encore mille coudées ; c'était un torrent que je ne pouvais traverser, car l'eau était si profonde qu'il fallait y nager ; c'était un torrent qu'on ne pouvait traverser.* »

Cette vision d'Ezéchiel est considérée comme représentative de l'Esprit de Dieu. Nous voyons à travers ce texte deux choses.

La première, c'est que l'Esprit de Dieu est si vaste qu'un homme, même rempli de l'Esprit comme l'était Ezéchiel, ne peut l'appréhender dans son ensemble. Avant d'arriver à y perdre pied, le prophète aura parcouru 4000 coudées, soit environ 2000 mètres.

La deuxième chose que nous révèle ce texte, c'est qu'arrivé à cet endroit, le courant devint tel que le serviteur de Dieu perdit pied et que rien ne pouvait y résister.

Lorsque je lis ce texte, je ne peux m'empêcher de constater, pour moi-même comme pour grand nombre de mes contemporains, que nous ne faisons que patauger dans quelques centimètres d'eau sur les berges du fleuve de l'Esprit. Nous nous considérons alors, souvent à tort, comme étant plus spirituels que d'autres non charismatiques, qui seraient restés sur la berge. Mais en réalité, nous sommes encore bien éloignés de la mesure dans laquelle Dieu veut que nous entrions.

Je suis de plus en plus persuadé que Dieu veut nous conduire dans des choses complètement folles pour nous, mais combien sages pour lui !

Mais pour cela, il faut que nos raisonnements tombent. Nous devons absolument perdre pied humainement, afin d'être submergés par son Esprit, si nous voulons qu'il soit à l'œuvre à travers nous.

Dès lors, nous devons nous attendre à voir des choses qui forcément vont choquer nos raisonnements. Il paraît fou à certains que nous parlions en langues, à d'autres que les gens se mettent à rire, à tomber dans l'Esprit, à danser ou bien d'autres choses encore. Mais cela est-il plus fou que de dire que Jésus, crucifié il y a deux mille ans, est vivant aujourd'hui, ou encore de demander à un paralytique de se lever dans le Nom de Jésus ou de tout simplement accepter que la justice de Dieu, c'est de pardonner au pire d'entre nous en donnant son Fils unique en sacrifice pour la rémission des péchés ?

Qu'est-ce qui nous empêche d'y entrer pleinement ?

Il y a différents types de réactions vis-à-vis du Saint-Esprit.

a) Ceux qui restent sur le sable sec.

Il y a des gens qui jamais ne se « mouilleront ». Je me souviens d'un frère qui ne voulait pas dire à ses amis qu'il était chrétien, car il avait peur que ceux-ci décident de ne plus le fréquenter s'il prenait devant eux une position radicale. D'autres personnes se positionnent comme appartenant à une église, mais refusent que cela ait la moindre implication dans leur vie quotidienne. Certains sont d'une grande piété, du moment que cela reste dans des normes acceptables par tous, quelles que soient leurs croyances ou opinions.

Le problème est que l'Évangile n'est pas là pour nous procurer la paix avec le monde, bien au contraire. Jean 15 : 20-22 nous prévient : « *Souvenez-vous de la parole que je vous ai dite : le serviteur n'est pas plus grand que son maître. S'ils m'ont persécuté, ils vous persécuteront aussi ; s'ils ont gardé ma parole, ils garderont aussi la vôtre. Mais ils vous feront toutes ces choses à cause de mon nom, parce qu'ils ne connaissent pas celui qui m'a envoyé* ».

b) Ceux qui pataugent dans 10 cm d'eau.

Pour cela il suffit de retirer ses chaussures. Je vois en cela les gens qui par orgueil le plus souvent, refusent de se dévêtir, c'est-à-dire de perdre un peu de leur aspect (standing, position sociale, etc.) que vont dire les gens si je me mets à dire des choses qui n'ont pas de sens. Ils vont dire que je suis un exalté !!!

Souvent, ils refusent simplement d'enlever le manteau de la religiosité qu'ils se sont tissé depuis des années d'éducation religieuse. Jésus fera peut-être à ces gens la même remarque qu'aux pharisiens de Jérusalem :

« *Et lorsque déjà il approchait de Jérusalem, vers la descente de la montagne des oliviers, toute la multitude des disciples, saisie de joie, se mit à louer Dieu à haute voix pour tous les miracles qu'ils avaient vus. Ils disaient : Béni soit le roi qui vient au nom du Seigneur ! Paix dans le ciel, et gloire dans les lieux très hauts ! Quelques pharisiens, du milieu de la foule, dirent à Jésus : Maître, reprends tes disciples. Et il répondit : je vous le dis, s'ils se taisent, les pierres crieront !* » Luc 19 : 37 à 40

Je me dis souvent que les seules choses que ces gens acceptent de retirer pour entrer dans le fleuve de l'Esprit sont leurs chaussures. Ces mêmes chaussures que donne le zèle de l'Évangile, Éphésiens 6 : 15.

c) Ceux qui acceptent d'avoir de l'eau jusqu'aux genoux.

Plus la profondeur augmente, plus la température de l'eau baisse, moins la baignade semble agréable. C'est ce qui arrête les gens dans leur marche avec le Saint-Esprit. Plus nous voulons aller loin avec lui, plus l'Esprit de Dieu va révéler des choses de nos vies que nous devons réformer. Et cela n'est pas agréable. Beaucoup de gens font marche arrière dès que le Saint-Esprit révèle trop de leur vie, plutôt que de continuer à avancer en étant lavés par le Sang de Christ ! C'est comme les disciples qui quittèrent Jésus quand ils trouvèrent que ses paroles devenaient trop dures. Jean 6, 66.

Le problème de ces gens consiste souvent dans le fait que pour aller plus loin dans le fleuve, il va falloir se dévêtir du reste de nos habits. En particulier de cette belle veste sur laquelle nous avons accroché toutes nos médailles. Celle de notre baptême d'eau, celle de notre baptême dans le Saint-Esprit, celle de quand nous avons acceptés de donner vraiment notre dîme, etc. Nous nous retrouvons alors à nu devant Dieu, mais aussi devant tous les gens que nous cherchions inconsciemment à impressionner.

Le Saint-Esprit veut travailler non pas avec des gens médaillés, diplômés, mais avec des gens qui sont pleins d'humilité ! Accepter d'aller plus loin dans le fleuve, c'est accepter que nous nous laissions conduire, nous qui pensions conduire les autres. C'est accepter de ne plus être le dirigeant, mais le « dirigé ». C'est accepter ce qui dans notre société est souvent inacceptable : « être dépendant » ! Jean. 21 : 18

d) Ceux qui ne veulent pas perdre pied.

Quand Ezéchiel arrive au milieu du fleuve, il dit qu'à cet endroit le courant est tel qu'il n'est plus possible à un homme de tenir debout. Beaucoup disent à ce moment qu'ils n'iront pas plus loin parce qu'ils ne peuvent accepter de perdre le contrôle de leur vie. Ils ont peur d'être manipulés.

Mais il n'y a rien de plus beau pour un chrétien que d'être manipulé par le Saint-Esprit. Il ne le fera jamais contre notre gré de toute façon, mais Il désire que nous nous abandonnions entièrement entre ses mains. C'est à cette condition que nous pourrons déclarer comme l'Apôtre Paul : 1 Co 7 : 22 *« Car l'esclave qui a été appelé dans le Seigneur est un affranchi du Seigneur ; de même, l'homme libre qui a été appelé est un esclave de Christ. »*

4 À quoi sert-il de perdre pied ?

Beaucoup posent et se posent cette question : pourquoi Dieu agit-Il de la sorte ? À quoi sert de rire, par exemple ? Mon ami Claude Payan l'explique très bien dans ses cours « Lumière des Nations », je reprendrai donc ici plusieurs de ses réponses à la question.

a) La première a rapport à ce que nous avons déjà expliqué : Dieu agit de manière à confondre les sages. En fait le Seigneur n'aime pas ce genre de questions si elles lui sont posées dans le sens : « Pourquoi Te manifestes-tu ainsi, est-ce bien normal ? » Celui qui pose ces questions dans cet état d'esprit fait déjà partie des personnes que Dieu veut confondre.

b) La deuxième c'est que Dieu ne fait pas rire pour rire, ou pleurer pour pleurer, de danser pour danser de tomber pour tomber, etc... C'est sa manière de guérir, de délivrer, de remplir les gens de Sa joie, ces choses sont une thérapie de Dieu. Elles provoquent un résultat positif chez les gens qui sont visités de la sorte.
Si elles paraissent être des choses folles, au premier abord, aux sages de ce monde, elles n'en sont pas moins logiques. N'importe quel docteur pourra vous dire que le rire a un effet constructif, restaurateur chez les gens.
La joie de l'esprit n'est pas « niaise », elle change le cours des choses sur son passage. Faisant allusion aux temps de réveil : en ce jour-là, Zacharie précise que *« le froment fera croître les jeunes gens, et le vin nouveau les jeunes filles »*. Ces manifestations de l'Esprit engendrent des choses positives : elles vous font croître spirituellement si vous savez en bénéficier.

c) Ce qui existe dans le physique : danse, chant, rire, pleurs, tremblement, etc.... a son équivalent dans le spirituel. On trouve normal pour une salle entière d'éclater de rire à l'écoute d'un comique, cela nous choque lorsqu'il s'agit des choses de l'Esprit parce que nous ne comprenons pas que l'Esprit Saint a le droit de nous placer dans une joie qui nous pousse à rire.

« Quand l'Éternel ramena les captifs… Alors notre bouche RIAIT DE JOIE… » (Psaume 126 : 2).

La joie est une chose très importante dans la parole de Dieu :

Romains 14 : 17 *: « Le royaume de Dieu C'EST…. la justice, la paix, LA JOIE PAR LE SAINT-ESPRIT »*. Néhémie 8 : 10 : *« LA JOIE DU SEIGNEUR EST NOTRE FORCE ! »*

Il y a des ONCTIONS de joie *: « pour leur donner… UNE HUILE (= onction du Saint-Esprit) de joie au lieu du deuil »* (Esaïe 61 : 3) (51 : 11).

Hébreux 1 : 9 : *« Ton Dieu T'A OINT d'une huile (= onction) DE JOIE… »*.

Dans Zacharie 10, nous retrouvons encore la pluie du printemps et ses conséquences : *« Demandez à l'Eternel qu'il pleuve AU TEMPS DE LA PLUIE DU PRINTEMPS… » (v 1), parmi les conséquences de cette pluie, il est dit : « leur cœur AURA LA JOIE QUE DONNE LE VIN » (v7).*

Mon propos à travers ce chapitre est que nous reconnaissions que nous ne connaissons que très imparfaitement l'action de l'Esprit Saint. Alors, plutôt que de continuer d'en parler et de polémiquer là-dessus, laissons-nous enseigner par lui et engageons avec lui une relation personnelle, car tout comme Jésus, tout comme notre Père céleste, Il est une personne à part entière de la Trinité. Dans cette relation, Il pourra révéler à chacun sa nature, ses façons d'agir, et toutes choses nous rappelant ce que Jésus nous a enseigné à travers sa Parole.

Jean 14 : 26_« *Mais le consolateur, l'Esprit saint, que le Père enverra en mon nom, vous enseignera toutes choses, et vous rappellera tout ce que je vous ai dit.* »

Pour cela, nous devons reconnaître sa voix.

Jean 10, 1 à 5 : « *En vérité, en vérité, je vous le dis, celui qui n'entre pas par la porte dans la bergerie, mais qui y monte par ailleurs, est un voleur et un brigand. Mais celui qui entre par la porte est le berger des brebis. Le portier lui ouvre, et les brebis entendent sa voix ; il appelle par leur nom les brebis qui lui appartiennent, et il les conduit dehors. Lorsqu'il a fait sortir toutes ses propres brebis, il marche devant elles ; et les brebis le suivent, parce qu'elles connaissent sa voix. Elles ne suivront point un étranger ; mais elles fuiront loin de lui, parce qu'elles ne connaissent pas la voix des étrangers* ».

Le meilleur moyen pour cela est de passer le maximum de temps dans sa présence, en priant, en lisant la Parole de Dieu qu'il a inspirée, en s'assemblant avec des frères, car « *Car là où deux ou trois sont assemblés en mon nom, je suis au milieu d'eux.* » Mt 18 : 20

BEIT TEHILLAH

Après que nous ayons entrepris de refaire le troisième voyage de PAUL à l'envers, jusqu'en Israël sur notre voilier « Indeed » (entre aout 2015 ET octobre 2016), Dieu nous a donné une vision nouvelle pour les années à venir.

Elle se décline en trois domaines :

Tout d'abord, ouvrir une route prophétique entre le sud de la France est Israël qui préparera l'Alyah du peuple juif pour rentrer dans la terre que lui a promise notre Dieu selon Esaïe 11 : 11-12. Nous pouvons en effet y lire que Dieu a prévu de ramener son peuple sur la terre qu'Il lui a promise de façon irrévocable. *« Dans ce même temps, le Seigneur étendra une seconde fois sa main, pour racheter le reste de son peuple, dispersé en Assyrie et en Égypte, à Pathros et en Éthiopie, à Elam, à Schinear et à Hamath, et dans les îles de la mer. Il élèvera une bannière pour les nations, Il rassemblera les exilés d'Israël, et il recueillera les dispersés de Juda, des quatre extrémités de la terre ».*

Après avoir ouvert cette route avec notre voilier, dans la louange et l'intercession, pendant 13 mois, nous avons continué ce travail et démarrant une maison de prière appelée « Beit Tehillah, à Gozo (Malte).

À travers cette maison de prières, nous voulons préparer le bassin méditerranéen en vue d'une parole prophétique que le Seigneur m'a donnée en juillet 2015 :

« Les premiers seront les derniers, et comme le bassin méditerranéen a été le point de départ, le vase d'expansion de l'évangile, et il est devenu ensuite un des endroits les plus fermés du monde.

Que ce soient les émigrés qui s'y noient pour fuir la misère et la guerre, la superstition religieuse de ses côtes "chrétiennes", la corruption, la drogue, la fête des vacances "Sea Sex and Drugs", l'islam qui assassine hommes femmes et enfants dans les pays arabes, Mamon qui déchire la Grèce, la Méditerranée est aujourd'hui en proie aux ténèbres !

Mais là où le péché abonde, la grâce surabonde et je vais y susciter un grand réveil, le réveil qui amorcera le temps de mon retour. La saison est proche et je vais placer des hommes et des femmes pour y travailler et préparer un chemin. Ce réveil ne viendra que dans la mesure où un trône de louange sera bâti pour moi, et où ma maison sera de nouveau une maison de prière ! C'est pour cela que je t'y envoie ».

Enfin, nous croyons que ce réveil déclenchera le retour triomphal de Jésus-Christ en Israël et que dès maintenant, pour s'y préparer, les églises doivent retrouver les fondements de la foi et de sa racine : Israël. Romain 11 : *« Mais si quelques-unes des branches ont été retranchées, et si toi, qui étais un olivier sauvage, tu as été greffé à leur place, et rendu participant de la racine nourricière de l'olivier, ne te glorifie pas aux dépens de ces branches. Si tu te glorifies, sache que ce n'est pas toi qui portes la racine, mais que c'est la racine qui te porte… Eux de même, s'ils ne persistent pas dans l'incrédulité, ils seront greffés, car Dieu est puissant pour les greffer de nouveau. Si toi, tu as été coupé de l'olivier sauvage selon sa nature, et greffé contrairement à ta nature sur l'olivier franc, à plus forte raison eux seront-ils greffés selon leur nature sur leur propre olivier ».*

Nous croyons qu'il est urgent de rappeler ces réalités au corps de Christ et à tout le monde en Méditerranée et amener les gens à une réelle repentance (changement de mentalité) dans ce domaine.

L'Alyah de tout un peuple !

Alyah, un mot hébreu signifiant ascension ou élévation spirituelle, est un terme dont on entend beaucoup parler ces derniers temps, tant dans les médias que dans l'église. Pour son sens le plus commun, il désigne concrètement l'acte d'immigration en Terre Sainte (Eretz Israël, en hébreu) par un juif. Les immigrants juifs sont ainsi appelés Olim.

Au contraire, le fait pour un Juif d'émigrer en dehors de la Terre d'Israël, est appelé *Yérida* littéralement la descente.

Pour beaucoup de gens, en particulier les chrétiens, l'Alyah est un signe prophétique de la fin des temps. Dans la lecture d'Esaïe 11 : 11-12, nous pouvons en effet lire que Dieu a prévu de ramener son peuple sur la terre qu'Il lui a promise de façon irrévocable. *« Dans ce même temps, le Seigneur étendra une seconde fois sa main, pour racheter le reste de son peuple, dispersé en Assyrie et en Égypte, à Pathros et en Éthiopie, à Elam, à Schinear et à Hamath, et dans les îles de la mer. Il élèvera une bannière pour les nations, Il rassemblera les exilés d'Israël, et il recueillera les dispersés de Juda, des quatre extrémités de la terre »*

Aujourd'hui mon but n'est pas d'étudier cet aspect de l'Alyah du retour des juifs sur leur terre de façon politique ou même factuelle, mais de l'aborder sous un aspect spirituel.

L'Alyah, une montée de tout le peuple, juif et chrétien unis en un Nouvel Homme, vers leur Dieu !

En priant avec mon épouse en Sardaigne il y a quelques années, nous avions cette pensée. Cathy voyait une colline élevée sur laquelle il y avait trois croix (celles de Golgotha ?) Mais ce qui était surprenant c'est le flot de gens qui se rendaient sur cette colline. Il semblait qu'il n'y aurait jamais assez de place, pourtant quand on s'approchait, on voyait qu'il y avait encore beaucoup de place… de la place pour tout le monde !

Quand elle m'a partagé ce qu'elle voyait, je voyais, à mon tour, deux colonnes de gens monter chacune d'un côté de cette colline et je le comprenais ainsi :

La croix centrale était bien évidemment celle de Christ, Yeshoua le fils de Dieu, mort pour nos péchés et ressuscité ! Il n'y a de salut qu'en Lui selon l'Évangile dont se réclament les apôtres et dont je me réclame moi-même.

Cela est vrai pour les Juifs : « *Alors Pierre, rempli du Saint- Esprit, leur dit : Chefs du peuple, et anciens d'Israël, puisque nous sommes interrogés aujourd'hui sur un bienfait accordé à un homme malade, afin que nous disions comment il a été guéri, sachez-le tous, et que tout le peuple d'Israël le sache ! C'est par le nom de Jésus-Christ de Nazareth, que vous avez crucifié, et que Dieu a ressuscité des morts, c'est par lui que cet homme se présente en pleine santé devant vous. Jésus est la pierre rejetée par vous qui bâtissez, et qui est devenue la principale de l'angle. Il n'y a de salut en aucun autre ; car il n'y a sous le ciel aucun autre nom qui ait été donné parmi les hommes, par lequel nous devions être sauvés* ». (Actes 4 : 11-12)

Cela est vrai pour ceux des nations : « *Souvenez-vous que vous étiez en ce temps-là sans Christ, privés du droit de cité en Israël, étrangers aux alliances de la promesse, sans espérance et sans Dieu dans le monde.* » (Éphésiens 2.12)

Les deux autres croix sur cette colline représentaient par contre les croyants des nations d'un côté, et ceux d'Israël de l'autre, qui devenaient un seul peuple en faisant leur Alyah (leur montée) vers le sommet de cette colline pour revenir à leur Dieu.

Je sentais que le Saint-Esprit me disait que seul une remontée des Juifs vers leur Dieu, mais aussi de l'Église des Nations vers le sien, qui est le même depuis toujours, quoiqu'en aient pu penser des générations de juifs et de chrétiens, pourrait mettre en œuvre l'accomplissement de la Parole de Romain 11 : « *Eux de même, s'ils ne persistent pas dans l'incrédulité, ils seront greffés, car Dieu est puissant pour les greffer de nouveau. Si toi, tu as été coupé de l'olivier sauvage selon sa nature, et greffé contrairement à ta nature sur l'olivier franc, à plus forte raison eux seront-ils greffés selon leur nature sur leur propre olivier* ».

Il est vrai qu'aujourd'hui nous constatons une Alyah géographique et politique de plus en plus massive du peuple juif comme cela a été prophétisé tout au long de la Bible. Cette Alyah est le signe qu'une autre vient pour l'église de Christ dans les nations, qui doit elle aussi remonter de façon spirituelle :

1. Vers son Dieu (Relation intime dans une adoration vraie)
2. Vers sa parole (Révision de certaines de nos théologies « adaptées » au fil des siècles)
3. Vers ses racines juives. (Sans lesquels nous ne sommes que des branches mortes).

1) L'Alyah, un retour vers Dieu et vers sa Parole.

En quoi me direz-vous l'église a-t-elle besoin de retourner vers Dieu ? Nous sommes chrétiens, sauvés par la grâce et nés de l'Esprit, nous allons à l'église (ou nous priions dans nos maisons), nous avons en tout cas une relation personnelle avec Dieu. Jésus pourrait alors peut-être nous faire la même réponse qu'il a faite à sa génération : *« Ils répondirent et lui dirent : Abraham est notre père. Jésus leur dit : si vous étiez enfants d'Abraham, vous feriez les œuvres d'Abraham »* Jean 8 : 39.

En quoi sommes-nous si différents aujourd'hui que ces gens-là ? Je crois en fait qu'à chaque fois que l'homme est pris la main dans le sac, il nie !

« Depuis le temps de vos pères, vous vous êtes écartés de mes ordonnances, vous ne les avez point observées. Revenez à moi, et je reviendrai à vous, dit l'Éternel des armées. Et vous dites : en quoi devons-nous revenir ? » Malachie 3 : 7

Quand je partage avec les gens que je suis attristé du gouffre qu'il y a entre ma lecture de ce qu'est l'église dans le livre des Actes et ce que j'en vois aujourd'hui, la plupart du temps je n'ai pas de réaction, ou j'ai des explications un peu bizarres sur le fait que les miracles n'étaient là que pour les temps apostoliques… ou autres excuses du même acabit.

Mais jamais, ou vraiment très rarement, j'ai vu les gens se remettre en question. Nous sommes comme ces personnes qui essaient d'argumenter dans le livre de

Malachie ! Nous nous sommes éloignés de Dieu, avons attristé l'Esprit, perdu de vue la raison d'être de l'église en lui substituant une sorte de club où l'on attend le retour de Jésus. Et nous nions qu'il y a un problème !

« Si mon peuple sur qui est invoqué mon nom s'humilie, prie, et cherche ma face, et s'il se détourne de ses mauvaises voies, je l'exaucerai des cieux, je lui pardonnerai son péché, et je guérirai son pays ». 2 Chroniques 7 : 14

Quand allons-nous comprendre ? Quand allons-nous allez vers le Seigneur avec un cœur contrit plutôt qu'avec de bonnes excuses ?

Nous clamons haut est fort que Jésus et Dieu et que nous lui appartenons. Nous nous appuyons sur des versets tels que celui-ci :

« Au commencement était la Parole, et la Parole était avec Dieu, et la Parole était Dieu. Elle était au commencement avec Dieu. Toutes choses ont été faites par elle, et rien de ce qui a été fait n'a été fait sans elle. En elle était la vie, et la vie était la lumière des hommes. La lumière luit dans les ténèbres, et les ténèbres ne l'ont point reçue ». Jean Chapitre 1 : 1 – 5

Jésus est la Parole ! Jésus est Dieu ! professons-nous ! Je suis pourtant éberlué de voir combien un grand nombre de chrétiens ignorent l'enseignement de base de Christ, la parole !

Ils sont capables cependant de défendre bec et ongles des « théologies » parfois loufoques (comment tomber dans l'Esprit ? sur sa face ou sur le dos ne serait pas la même chose ! la longueur légale des cheveux, des pantalons, des manches…) et parfois dangereuses (théologie du remplacement, interdiction de Sainte Cène, de baptême, décidée par un pasteur, excommunication…)

Certain passent des heures dans la bible pour définir la date et l'heure du retour de Christ, d'autre pour justifier des comportements inacceptables dans leurs pratiques religieuses, d'autre encore pour justifier la faiblesse de l'église dans ce monde, l'absence de miracles, les malades et les morts au milieu de nous…

Cependant, le message le plus crucial de la Parole est piétiné jour après jour sans que personne ne s'en émeuve !

« Je vous donne un commandement nouveau : Aimez-vous les uns les autres ; comme je vous ai aimés, vous aussi, aimez- vous les uns les autres ». Jean 13 : 34

Au lieu de ça nous avons appris à mépriser les autres membres du corps. Nous sommes aujourd'hui tellement peu enclins à nous aimer, à être unis, à marcher dans la même armée, celle du Roi des rois, que nous vivons exactement ce que l'apôtre Paul avait expliqué aux chrétiens de Corinthe comme nous l'avons vu au début de ce livre.

Mon épouse, alors que nous apprenions l'été dernier que plusieurs de nos amis chrétiens, ou leurs enfants étaient atteints de cancers ou autres maladies graves m'a partagé une pensée très forte qu'elle recevait de Dieu.

Alors que nous priions pour ces amis, elle réalisait qu'il y avait une brèche dans l'église par laquelle la maladie et la mort entraient ! Ce n'était pas la faute des amis pour lesquels nous étions en train de prier, c'était la faute de l'ensemble du Corps qui était incapable de faire du commandement d'amour de Christ une priorité ! Cette brèche, c'était la division et le manque d'amour !

Le corps du Seigneur est constitué de tous ceux qui ont cru sans exception ! *« Ainsi, nous qui sommes plusieurs, nous formons un seul corps en Christ, et nous sommes tous membres les uns des autres »*. Romain 12 – 5

« Pensez-vous qu'on puisse diviser le Christ ? » Telle est la question que Paul a posée aux Corinthiens, et que Jésus nous pose certainement aujourd'hui.

« Au commencement était la Parole… » Nous sommes tous d'accord pour reconnaitre que ce premier verset de Jean nous parle de Jésus. Cette parole incarnée est venue pour s'offrir sur une croix. Comme dans la vision de cette colline que je décrivais au début de cet article, nous devons revenir (faire notre Alyah) vers la croix de Christ et mettre en œuvre cette grâce qui nous a été donnée.

2) *L'Alyah, un retour vers nos racines juives pour une meilleure compréhension de la Parole.*

Ne pas prendre en compte les racines juives de la foi chrétienne, c'est comme lire un livre de plusieurs milliers de pages en Mandarin pour une personne qui ne connaitrait de la chine que le canard laqué !

Des tas de choses aberrantes ont été dites ou faites à cause de notre incompréhension du contexte juif dans lequel la bible a été écrite.

Quelqu'un m'a dit un jour, je cite : « Les juifs ont raté leur tour, quand Jésus était sur terre, de voir s'accomplir les promesses de Dieu à leur égard, aujourd'hui ces promesses sont caduques pour eux, elles sont devenues une réalité pour nous » ! Ce à quoi j'ai répondu : « Si Dieu a changé d'avis sur les promesses éternelles qu'Il a faites à son peuple, la prunelle de ses yeux, comment puis-je être sûr qu'Il ne changera pas d'avis sur celle qui m'a faite : *« si je crois à son Fils Jésus, je ne périrais, mais aurais la vie éternelle »* ?

La bible nous dit qu'en Christ, il n'y a plus ni Juifs ni Grecs. Mais ceux qui ne sont pas en Christ demeurent Juifs, ou Grecs. Les promesses faites par Dieu aux Juifs demeurent donc de la même façon. L'une de ces promesses, nous la lisons ici. *« J'établirai mon alliance entre moi et toi, et tes descendants après toi, selon leurs générations : ce sera une alliance perpétuelle, en vertu de laquelle je serai ton Dieu et celui de ta postérité après toi…*

*Dieu dit : Certainement Sara, ta femme, t'enfantera un fils ; et tu l'appelleras du nom d'Isaac. J'établirai mon alliance avec lui comme **une alliance perpétuelle** pour sa postérité après lui.* » Genèse 17:7, 19

On trouve ce terme perpétuel (en hébreu עוֹלָם, olam) **439** fois dans **414** versets de **34** livres bibliques (dans l'AT).

La définition de « perpétuelle » semble hélas échapper à certains. Je me permets donc de la redonner ici : pour toujours, à jamais, existence continuelle, perpétuelle, éternelle, qui ne s'arrête pas, futur indéfini ou sans fin, l'éternité.

Une des raisons qui ont poussé les chrétiens à s'éloigner de l'amour et de l'unité ordonnés par Christ, dont nous parlions dans la partie précédente, c'est l'occidentalisation de l'évangile opérée par l'empire Romain. En effet, ce dernier fondé sur une vue du monde développé par les philosophes grecs, fonctionne sur un système binaire (Dualisme) l'idée de Platon est devenue le point de départ de toutes les formulations ultérieures de ce que l'on appelle aujourd'hui le dualisme.

Cette pensée fondamentale de l'occident n'arrive évidemment pas à intégrer une pensée basée sur un système trinitaire (ternaire) qui est le propre de toute la pensée hébraïque. En effet, comment faire rentrer la « trinité » dans un système à deux cases seulement ?

Pas étonnant dès lors que pour beaucoup de chrétiens occidentaux, le Saint-Esprit soit plus une sorte

« d'énergie » qu'une personne à part entière ! Les deux petites cases de notre système de pensée étant prise par le Père et le Fils…

Pas étonnant non plus que la plupart confondent âme et esprit, car là encore, définir l'être humain comme trinitaire devient trop compliqué culturellement.

Cette pensée nous a conduits à croire que puisqu'Israël a rejeté Christ, Christ ne peut rien faire d'autre que de les rejeter à son tour. C'est tout noir, ou tout blanc ! Paul du lutter contre cette pensée nous l'avons vu plus haut. (Romain 11)

Aujourd'hui, nous lisons souvent la Bible dans nos assemblées en la détachant complètement de la culture et de la vision « trinitaire » de ceux qui l'on écrit. Souvent nous essayons de faire rentrer dans les cases de notre pensée (culturellement dualiste) une vision hébraïque du monde. Cela nous conduit soit à survoler les textes sans les comprendre, en renvoyant aux calendes grecques leur étude, soit à vouloir à tout pris leur donner une signification qui colle à notre compréhension, mais qui n'a rien à voir avec la pensée de l'auteur (qui est passant est Dieu lui-même).

Voyons ici un exemple illustrant le danger de ne pas comprendre le texte dans le sens voulu par l'auteur. Pour beaucoup, les 10 commandements sont l'essence même de la pensée judéo-chrétienne.

Et dès le commencement nous sommes dans l'incompréhension des mots ! Le **Décalogue** (en hébreu : עֲשֶׂרֶת הַדְּבָרוֹת) se traduit littéralement par : les **dix paroles** !

Et la première parole commence ainsi : JE SUIS L'ÉTERNEL TON DIEU ! Tout le reste s'inscrit dans le fait que nous avons un Dieu éternel, qui ne varie ni ne change et qui est celui qui nous délivre ! *« Je suis l'Éternel, ton Dieu, qui t'as fait sortir du pays d'Égypte, de la maison de servitude »*.

Voyons maintenant l'une de ces paroles du décalogue, *« Honore ton père et ta mère afin de jouir d'une longue vie dans le pays que l'Éternel ton Dieu te donne »*. (Exode 20,12)

La mauvaise compréhension de ce passage conduit de nombreux chrétiens à une impasse. Comment en effet honorer un parent qui vit à l'opposer de ce que Dieu demande. J'ai moi-même souffert de l'incompréhension chronique de ce verset pendant des années.

Pourtant nous avons dans la bible des exemples flagrants de désobéissance à ce commandement qui ne semble pas troubler Dieu plus que ça…

Juges 6, 27 : *« Gédéon prit dix hommes parmi ses serviteurs, et fit ce que l'Eternel avait dit ; mais, comme il craignait la maison de son père et les gens de la ville, il l'exécuta de nuit, et non de jour »*

Nous avons encore dans 2 chroniques 15, 16-19 un Roi, ASA, qui pour honorer Dieu est obligé de déshonorer (retirer l'honneur) sa mère, car son cœur était entier pour Dieu et il en résulte une grande bénédiction !

« Le roi Asa enleva même à Maaca, sa mère, la dignité de reine, parce qu'elle avait fait une idole pour Astarté. Asa abattit son idole, qu'il réduisit en poussière, et la brûla au torrent de Cédron. Mais les hauts lieux ne disparurent point d'Israël, quoique le cœur d'Asa ait été en entier à l'Éternel pendant toute sa vie. Il mit dans la maison de Dieu les choses consacrées par son père et par lui- mêmes, de l'argent, de l'or et des vases ».

Dans notre mode de pensée dualiste, on a trop souvent confondu le fait d'*« honorer son père et sa mère »* et les vénérer afin d'obtenir de Dieu *« une longue vie dans le pays »*. On n'imagine pas être en mesure d'honorer quelqu'un si l'on remet en question ses faits et gestes. Cela donne de nombreuses inepties. Devions-nous soumettre (honorer) les autorités de Vichy qui livrèrent tant de juifs innocents aux nazis, ou plus tard celles qui ordonnèrent des massacres d'innocents dans les dures épreuves de la décolonisation ?

Or le terme hébreu employé pour honorer, *kavéd*, a pour sens littéral « donner du poids ». En hébreu, l'honneur désigne donc la valeur réelle de quelque chose, estimé à son vrai poids. On peut aussi le traduire par donner à quelqu'un sa juste place. Celle qui lui revient !

Le commandement, ou la parole peut donc se comprendre ainsi : honorer son père, sa mère, c'est reconnaître le juste poids de l'éducation reçue de nos parents. Cela revenant à en faire une évaluation critique afin de reconnaître ce qui a été bon, moins bon, et voir carrément mauvais dans l'éducation reçue, sans condamner pour autant ceux qui nous l'ont transmise.

Ce droit d'inventaire envers son éducation, à la toise de la première parole, *« Je suis l'Éternel, ton Dieu, qui t'ai fait sortir du pays d'Égypte, de la maison de servitude »,* nous permettra de réajuster nos fonctionnements (comme l'ont fait Gédéon ou Asa en détruisant les idoles élevées par leurs parents). Ceci aura pour conséquence *« que nos jours se prolongeront dans le pays que l'Éternel, notre Dieu, nous a donné. »*

Sans une relecture de la Parole de Dieu dans la perspective du mode de pensées et de communication établit entre Dieu et son peuple, nous ne pourrons comprendre ni plaire à celui qui déclare : *« Je suis l'Éternel, ton Dieu, qui t'ai fait sortir du pays d'Égypte, de la maison de servitude ».*

Cette relecture nous a conduits aujourd'hui à revoir nos objectifs et nos priorités dans le ministère.

Une Maison de louanges et d'intercession.

En quittant Malte lorsque nous étions en route pour Israël, sur notre voilier Indeed, Dieu nous a dit que nous devions revenir dans l'archipel et d'y établir une base pour notre ministère sous la forme d'une maison de louange et intercession et un centre de formation pour préparer la Méditerranée pour la vision que Dieu nous avait donnée d'un réveil qui vient spécifiquement dans cette région du monde.

Au fur et à mesure que nous approchions d'Israël, la vision de ce lieu a été de plus en plus précise ainsi que sa spécificité :

Élever une louange prophétique : « *Maintenant, amenez-moi un joueur de harpe ! Quand le harpiste se mit à jouer, l'Eternel se saisit d'Élisée qui dit : voici ce que déclare l'Éternel.* 2Kings 3 : 15 :

Élever une intercession ciblée pour l'Alyah, pour la réalisation de la prophétie de Esaïe 19 : 24 : « *En ce jour-là, Israël sera le troisième, avec l'Égypte et l'Assyrie, et pour la terre entière cela sera une bénédiction. Sur l'Égypte, l'Assyrie et Israël, et enfin pour les nations qui bordent la Méditerranée. Et l'Éternel, le Seigneur des armées célestes, les bénira, disant : Bénie soit l'Égypte, mon peuple, bénie soit l'Assyrie, mon œuvre, et Israël, qui m'appartient* ». En priant pour ce projet, je recevais ce nom : **Beit Tehillah** (תְּהִלָּה בַּיִת).

> ➢ **Beit** signifie maison en Hébreux, est un lieu de résidence.
> ➢ **Tehillah** est l'un des mots qui sont traduits en Français par louange. C'est une forme de louange basée non pas sur le fait que notre situation est glorieuse, mais parce qu'Il est digne de notre adoration.

On retrouve ce terme dans le Psaume 22/2 : « *Mon Dieu ! Mon Dieu ! Pourquoi m'as-tu abandonné, et t'éloignes-tu sans me secourir, sans écouter mes plaintes ? Mon Dieu ! Je crie le jour, et tu ne réponds pas ; la nuit, et je n'ai point de repos. Pourtant tu es le Saint, Tu sièges au milieu des louanges (Tehillah) d'Israël ».*

C'est dans cette sorte de louange, Dieu siège au milieu de son peuple. Il ne se contente pas d'être présent ! Siéger, c'est exercer une autorité, juger, régner ! On siège au tribunal, à l'assemblée…

Quand nous louons Dieu de cette façon nous l'invitons à régner sur nous et sur ce qui nous entoure.

À LA POURSUITE DU BOHNEUR

L'obtention du bonheur est l'un, si ce n'est le souhait, le plus partagé de l'humanité. Être heureux est le but, souvent avoué, de chacun d'entre nous. Bien que peu de gens puissent en donner une définition, les façons d'atteindre ce fameux « Graal » sont toutes aussi multiples qu'elles sont plus ou moins efficaces.

Cette recherche est tellement fondamentale dans la pensée moderne qu'elle figure dans des écrits fondateurs de la démocratie telle que la déclaration d'indépendance des États Unis. *« Tous hommes sont créés égaux, ils sont doués par le Créateur de certains droits inaliénables ; Parmi ces droits se trouvent la vie, la liberté et la* **recherche du bonheur.** *»*

Ce texte exprime les valeurs des « Lumières » qui sont ou qui semblent être, les fondements des droits de l'homme et de la démocratie authentique, mais notre société qui s'en réclame, a vite fait de les oublier.

Le bonheur reste dans l'esprit de tous, l'ambition ultime. Pourtant, le bonheur pourrait nuire… à lui-même !

Les auteurs d'une récente étude[2], explorant les conséquences que peut avoir le bonheur, l'affirment : ce dernier ne devrait pas être considéré comme universellement et intrinsèquement bon.

En pratique, tous les types et degrés de bonheur n'apportent pas forcément les mêmes satisfactions. La recherche du bonheur ne devrait donc pas toujours être considérée comme prioritaire, ni même souhaitable, dans les cas où elle mène les gens à se sentir encore moins bien qu'avant.

June Gruber nous rappelle ainsi que la poursuite d'un but heureux peut se retourner contre soi. Ainsi, les gens qui recherchent le bonheur à tout prix et pour lui-même peuvent en définitive se sentir encore moins bien que lorsqu'ils ont commencé cette recherche.

L'explication se trouverait dans les attentes déçues : quand une personne ne se sent pas aussi heureuse qu'elle l'eût prévu ou attendu, c'est finalement l'effet inverse qui se produit sur le sentiment global et diffus de bonheur.

Enfin, un bonheur systématique peut être le signe d'un déficit en émotions négatives (tristesse, culpabilité, honte), ce qui paradoxalement, n'est pas aussi enviable que cela parait de prime abord.

Comme nous le voyons souvent dans la pratique de la relation d'aide, les émotions négatives sont des

---

[2] Publiée dans « Perspectives on Psychological Science »

indicateurs utiles pour les relations affectives et sociales. Par exemple, la culpabilité nous rappelle de nous comporter correctement envers d'autres personnes, la peur empêche de prendre des risques inutiles, etc. Aussi, les émotions négatives font tout autant que celles positives, parties d'une vie normale.

Elles sont des messagers qui nous informent de situations bien réelles auxquelles il est utile de faire face. Si nous tuons le messager, sous prétexte que celui-ci n'est pas agréable, avant qu'il ne délivre son message, nous ne pourrons pas réagir à la situation qui risque d'empirer.

Les auteurs de l'étude rappellent que depuis plusieurs années déjà, la psychologie a découvert que le moteur principal du bonheur, le vecteur le plus pertinent du sentiment de bonheur, n'est ni l'argent ni la reconnaissance à travers le succès ou la célébrité. Ce sentiment est plus simplement lié à la capacité d'avoir et d'entretenir des relations sociales signifiantes.

Ceci implique que la meilleure façon d'atteindre le bonheur semble avant tout d'arrêter de se soucier de l'atteindre ! Il est préférable de dépenser son énergie à nouer et améliorer les liens sociaux et affectifs qui représentent le véritable fond d'une vie heureuse, psychologiquement « équilibrée ».

Et si le bonheur se trouvait, mais ne se recherchait pas ?

La recherche du bonheur pour soi (c'est à dire égoïstement) se fait souvent, pour ne pas dire toujours au détriment des autres.

Revenons à notre déclaration d'indépendance des États unis. Elle pose comme préambule l'égalité de tous les hommes et leurs droits inaliénables, droit que les USA s'empressent de refuser aux noirs et aux Indiens afin de pourvoir au bonheur cupide d'une poignée de blancs.

Il en va de même « des lumières » qui resteront pour leurs champions des discussions de salon plus que des actes concrets.

Encore aujourd'hui, ne sommes-nous pas adultères à cette « Déclaration universelle des droits de l'homme » dans laquelle nous nous drapons lors des grand-messes républicaines ? Nous jetons aux orties dès que nous devons vendre à des pays totalitaires nos Airbus afin d'assurer prospérité et bonheur à la France ?

Est-ce que cela nous rend plus heureux ? Permettez-moi d'en douter. Alors qu'une étude montre que depuis plusieurs années la Norvège est le pays le plus prospère au monde, une autre étude la montre dans le peloton de tête des pays consommateurs d'antidépresseurs !

Pourtant, le niveau de vie, de confort, de richesses devrait au moins contribuer au bonheur ?

Je pense que cela dépend de ce que nous faisons de tout cela. J'ai eu l'occasion si souvent dans mon travail de voir des gens qui malgré toutes leurs possessions ne semblait jamais atteindre ce bonheur qu'ils convoitaient tant. Et d'autres, dépourvus de tout, qui affichaient en permanence leur joie de vivre et de partager.

La source de leur bonheur était qu'ils avaient compris qu'il y a plus de bonheur à donner qu'à recevoir !

Là encore, les études démontrent comme nous l'avons vu que c'est dans l'interaction sociale que nous trouvons accomplissement, valorisation et bonheur. Pour dire cela autrement, c'est quand j'apporte à l'autre du bonheur que je me sens vraiment heureux.

Abordons maintenant ce principe dans un cadre plus spirituel.

Et si la clé du bonheur, c'était :

Jean 15:12 : « C'est ici mon commandement : Aimez-vous les uns les autres, comme je vous ai aimés ».

On parle souvent des Dix Commandements, et en fait ce terme n'est pas juste. Pour les juifs, il s'agit des 10 Paroles de Dieu. Des paroles que Dieu a données pour une raison bien simple, si nous nous y plions, nous trouverons le bonheur !

Se pourrait-il alors que ce commandement ultime de Christ, de s'aimer les uns les autres, soit la clé du bonheur ? Qu'en effet il y ait plus de joie à donner qu'à recevoir.

Un jour, un jeune homme de notre assemblée m'a expliqué qu'il nous quittait parce ce qu'il avait le sentiment de ne plus rien recevoir parmi nous. Il reconnaissait avoir beaucoup reçu, ces dernières années, mais maintenant il devait aller plus loin s'il voulait continuer à recevoir. Ce qui semblait être pour lui une évidence m'a beaucoup attristé, car j'aime énormément ce jeune homme et je souffrais de le voir partir. Je me suis consolé en me persuadant que si je ne pouvais plus rien lui apporter, en effet il valait mieux qu'il aille ailleurs.

Cependant, après quelques jours de réflexion, je me suis posé la question différemment. Est-il logique de quitter une assemblée sous prétexte qu'elle ne nous apporte plus suffisamment (à notre gout) ? Ne serait-il pas plus logique de se poser la question de rechercher ce que je peux apporter à l'assemblée ?

Un peu comme John Kennedy dans son discours inaugural de Janvier 1961 : *« Vous qui, comme moi, êtes citoyens du monde, ne vous demandez pas ce que les États-Unis peuvent faire pour le monde, mais demandez-vous ce que vous pouvez faire pour le monde »*.

La question mérite d'être posée. Sommes-nous appelés à recevoir toute notre vie et à devenir des consommateurs des dispensations de Dieu ? Si nous sommes en permanence dans une démarche de consommation, nous passons forcement à côté du plan de Dieu qui est pour nous de devenir des collaborateurs de son Royaume. En effet, Dieu n'attend-il pas de nous que nous lui rendions un culte ? Que nous nous détournions de nos idoles (la plus grande de tout étant notre ego) pour le servir lui le Dieu vivant !

On comprend alors ces versets qui nous encouragent à subir des injustices plutôt que d'être un mauvais témoignage. La bible nous invite à nous réjouir d'être battus pour l'évangile et même à donner notre vie pour le Royaume de Dieu et de considérer cela comme un honneur. Paul va jusqu'à considérer que notre mort nous serait un avantage !

Mais tout cela nous demande une maturité que nous ne voyons, hélas, que très peu dans l'église aujourd'hui, particulièrement en occident.

Il nous faut alors grandir !

L'apôtre Jean nous parle de cette évolution dans son épître : 1 John 2:12-13 : « *Je vous écris, petits enfants… jeunes gens… pères* ».

Il est dans la logique de l'être humain de parcourir les étapes de sa vie aussi bien physiques, affectives que spirituelles. Quand ce parcours ne se fait pas, on parle alors en psychiatrie de déficience !

L'apôtre Paul lui aussi nous parle de cette nécessité de grandir spirituellement et d'atteindre une maturité en adéquation avec ce que nous avons reçu. Il est surpris de la lenteur de l'évolution spirituelle des gens, quand ce n'est de leur régression. Hébreux 5:11-12 : « *Nous avons beaucoup à dire là-dessus, et des choses difficiles à expliquer, parce que vous êtes devenus lents à comprendre. Vous, en effet, qui depuis longtemps devriez être des maîtres, vous avez encore besoin qu'on vous enseigne les principes élémentaires des oracles de Dieu, vous en êtes venus à avoir besoin de lait et non d'une nourriture solide* ».

Il donne une explication sans détour de la raison de cette lenteur à grandir dans sa première lettre aux Corinthiens 3:2 : « *Je vous ai donné du lait, non de la nourriture solide, car vous ne pouviez pas la supporter ; et vous ne le pouvez pas même à présent, <u>parce que vous êtes encore charnels</u>* ».

Après des années de conversion, les gens à qui s'adresse l'apôtre en sont encore au lait ! Réfléchissons à ce qu'implique ce manque de croissance spirituelle en prenant exemple sur l'évolution naturelle de l'être humain.

Être au lait signifie être un nourrisson, dont l'ego par nature est démesuré. Il est en droit d'attendre du monde extérieur toute l'attention qui lui est due et n'a pas conscience du monde qui l'entoure.

Puis en grandissant, il apprend, par exemple quand on le laisse pleurer dans son lit ou que le ne répond pas à ses caprices, qu'il n'est plus le centre de ce monde dont il prend conscience. Plus tard, dans un processus de socialisation, il réalise que l'autre aussi a des besoins légitimes. Il doit alors apprendre à faire face à ses propres frustrations vis-à-vis de l'autre. Ces frustrations, qui sont un élément primordial de ses apprentissages, il devra les gérer tout au long de sa vie. C'est ça devenir adulte.

Spirituellement, il en va de même. Un chrétien qui reste au lait pense que le monde (ou l'église) tourne autour de lui et de ses besoins. Si cela peut se concevoir un certain temps, il ne peut en être ainsi à vie ! Le nouveau converti va devoir prendre de plus en plus d'autonomie afin que l'église puisse prendre soin de ceux qui arrivent, il va aussi arriver un temps où l'église va devoir compter sur lui pour aider à son fonctionnement. Et un jour ce sera à lui de devenir parent.

Quand je suis devenu papa, cela a été l'un des plus beaux jours de ma vie. Cela le deviendra pour chacun qui se détournera de sa quête du bonheur pour devenir un objet de bénédiction pour les autres.

Et cela vaut aussi dans notre démarche de louange. Quelle est la proportion de nos cultes et de nos réunions qui s'adresse véritablement à Dieu ? Il y a 20 ans, le jour où j'ai fait le bilan pour répondre honnêtement à cette question, j'ai pu constater que sur une moyenne de deux heures de réunion nous avions :

> - 50 minutes à une heure de louange (dont la majorité était orientée vers les besoins des gens plutôt que vers Dieu).
> - 10 minutes d'annonces. (Pour les gens)
> - 40 minutes de prédication. (Pour les gens de nouveau)

> 10 à 20 minutes de prières pour les malades et divers besoins (Pour les gens)

Bien sûr, toutes ses choses sont bonnes ! mais est-ce là le culte que Dieu attend de nous ? Est-ce lui que nous honorons alors ?

Voici la définition du mot : culte, *nom masculin :* Hommage religieux rendu à la divinité ou à un saint personnage.
Pratiques réglées par une religion, pour rendre hommage à la divinité.

En fait on ne rend un culte que lorsque nous rendons hommage à Dieu. Le reste qui s'adresse aux hommes est une bonne chose, certes, mais elle n'est pas le « Culte ».

Il est temps que nous retournions à Dieu pour lui rendre hommage, et que, à l'instar de Jésus, nous n'y retournions pas les mains vides ! Hébreux 9 : 12 *: « et il est entré une fois pour toutes dans le lieu très saint, non avec le sang des boucs et des veaux, mais avec son propre sang, ayant obtenu une rédemption éternelle ».*

Hébreux 10 : 20 à 22 *: Ainsi donc, frères, nous avons, au moyen du sang de Jésus, une libre entrée dans le sanctuaire par la route nouvelle et vivante qu'il a inaugurée pour nous au travers du voile, c'est à dire de sa chair, et nous avons un souverain sacrificateur établi sur la maison de Dieu.*
Approchons-nous donc avec un cœur sincère, dans la plénitude de la foi, les cœurs purifiés d'une mauvaise conscience, et le corps lavé d'une eau pure.

TABLE DES MATIÈRES

Page 5 : Introduction.

Page 11 : Qu'est-ce que la louange ?

Page 17 : Sortir d'Égypte.

Page 31 : La louange dans l'assemblée.

Page 47 : La construction du Temple

Page 65 : Quand la nuée s'installe.

Page 73 : Plus loin dans le fleuve.

Page 83 : Beit Tehillah.

Page 101 : À la poursuite du bonheur.

Page 111 : Table des matières.